AQUARIUS

AQUARIUS

AQUARIUS

AQUARIUS

Catcher

一如《麥田捕手》的主角，
我們站在危險的崖邊，
抓住每一個跑向懸崖的孩子。
Catcher，是對孩子的一生守護。

比資優更寬廣的成長路

10年後，父母還想讀的教養書

小熊媽 張美蘭──著

跨領域的激賞推薦

何琦瑜《親子天下》總編輯：

作者美蘭曾經是我的同事，小熊和小小熊是《親子天下》最愛用的模特兒班底。讀他們一家人的故事，常讓我聯想起小時候讀《小太陽》的心情。那是一種對幸福家庭的嚮往。

讀《小太陽》之後，好像跟作者林良一家人都很熟悉了，像是你鄰家的親朋好友，你會想要知道這個平凡幸福的家裡發生了什麼大大小小的事，每一個看似瑣碎的細節都充滿趣味。

對我來說，讀這本書最大的愉悅，是能夠重溫美蘭的溫暖和幽默感，而想到超有喜感的小熊兄弟，總是讓我邊讀邊笑。

我不會把這本書當成教養聖經來看，但相信父母讀者一定能從他們一家人在美國七年的居住經驗，與美蘭的真誠分享中，得到實質的收穫，與「心有戚戚」的感動。

李偉文（牙醫師作家）：

我的孩子從小參加各種營隊與社團，認識了許多讀資優班的孩子。在她五年級時有個發現：「爸爸，我覺得那些讀資優班的孩子也很普通嘛，但是他們都有個資優媽媽。」

的確，認真優秀的家長很容易培育出小時候表現非常傑出的孩子，但是人生是條漫長的馬拉松賽，贏在起跑點不代表將來一定幸福或快樂。這本書可以給認真的家長一些提醒。

黃光國（台大心理系國家講座教授）：

念心理學出身的熊媽，以無比愛心和耐心，幫助她的小熊寶貝，在兩個截然不同的文化環境中成長。她用這本充滿愛和關切的紀錄，跟讀者一起分享現代社會中許多父母都可能面對的子女教養問題。

嚴淑玲（誠品兒童書店店長）：

媽媽沒有「教科書」，孩子教與養的疑難雜症，往往要透過分享別人的經驗找到自己的方法。我們很高興看到小熊媽記錄了七年來在美國與台灣的陪伴與教養歷程，每每在辛酸中看到熊媽KUSO的耍寶性格，也會在困難中看到她堅強剛毅的一面，當然看到小熊與小小熊幸福的模樣，讓我們相信這當中一定有值得學習的地方。

推薦序／

有自己名字的部落格媽媽

賓靜蓀（《親子天下》副總編輯）

比較認識美蘭，是在二〇〇九年兩次《親子天下》的題目會議上。先是做「網路小孩」的時候，美蘭提出家長偷偷拜訪自己孩子部落格，要有「潛水心機」，也就是名字要常變化、不要寫太長的留言、要故意寫些錯字等，才不會被發現。她的網路經驗讓我這類「低科技歐巴桑」嘖嘖稱奇。

另一次在發想「0～15歲閱讀力專刊」的時候。我提到美國小學經常用所謂的「閱讀馬拉松」活動，一方面鼓勵小朋友自己閱讀，一方面發動家長以贊助孩子閱讀時間的方式，替學校募款。美蘭也講到兒子在肯塔基州的小學，用閱讀飛行比賽激發孩子閱讀的興趣和動機，讓大家眼睛一亮。會後，美蘭傳來她部落格裡的兩篇文章〈無策略少年閱讀飛行記〉、〈閱讀加速器，啟動〉給我參考，我才開始「見識」到她的「部落格媽媽」特質。

原來，她在部落格上已經寫了這麼多，而且不像一些部落格媽媽，她不鉅細靡遺的寫瑣碎生活，而是篇篇都有精采的觀點，且文如其人很幽默。這本書收錄的文章大概還不及她部落格的三分之一。

看得出來她認真生活、認真教養，但沒有「教育媽媽」的緊張和功利。讀她家小熊打棒球的那幾篇，更讓只有一個女兒的我對美國的男孩生活有更深的了解。想起一些在美國生活、有兒子的朋友，週末也幾乎以棒球場為家，美國家長對棒球的認真，其實完全不是我們以前認為的只是休閒運動而已。

我尤其喜歡美蘭對全家搬回台灣後適應過程的真實紀錄。她心疼小熊八歲生日那天的落寞，因為沒有朋友可以邀請，也必須面對重讀二年級的挫折；她掙扎於要不要送孩子去安親班；她擔心太多的反覆練習損害孩子的學習興趣。

最重要的，書中頭尾呼應，她期許自己，先當一個快樂、有自己名字和嗜好的媽媽，好好經營自己和婚姻，才能培育快樂的孩子。

陪伴孩子成長，從來就不是件容易的事，通常是親子互相支持、彼此影響的過程。小熊和小小熊很活潑、很擅長表演，而且不怕照相機，經常是《親子天下》設計版面攝影時的不二人選。

我相信，他們有不停止反省的媽媽陪伴，到哪裡都會寬廣、快樂。

自序／
路，豈只最棒的一條而已？

外子在二〇〇二～二〇〇九年間在美國做研究，我也帶著孩子在美過了七年全職主婦的生活。為了讓遠在台灣的老父母知道我們的狀況，我寫了將近七年的網路生命紀錄：從前幾年的德州海邊生活，到後幾年的肯塔基州鄉村生活。本書就是在肯塔基州的一些教育紀錄。

從小到大，我都是接受台灣的教育，我的孩子卻有機會在美國接受基礎教育，由於水瓶座好奇的天性，我與致勃勃的記下他們求學中有趣的、與我小時候與眾不同的經驗。最有趣的，莫過於美國的資優教育經驗與小熊打棒球的紀錄吧！

我們所居住的肯塔基州萊辛頓市，水草豐美、丘陵起伏、氣候溫和，是個全世界知名的馬之都（Horse City of the world），以出產高級賽馬及全國馬賽聞名（Kentucky Derby）。當地白人很多，政府設有專責的資優教育計畫服務部門「Gifted/Talented & Magnet Service」。孩子們從幼稚園大班開始，政府就計畫性地評估每一個人資優的可能性。

小熊在家雖以中文為母語，但是他在學校漸漸被追蹤為有「閱讀」與「數理」方面的天賦，經過政府派員多次檢定後，小二上學期末被正式評定為資優兒童（Gifted/Talented Student），當地政府希望他能轉到一所特別的學校，接受資優生教育，同時接受政府的學習狀況追蹤。

說實話，萊辛頓市當地的亞洲父母（以中國人與印度人居多），莫不互相較勁拚命希望自家孩子通過此一資優鑑定，到師資優異的資優學校就讀。

而我們收到通知時，卻有許多猶豫。

如果一直待在台灣，我們可能也會很驚喜這結果。問題就是：美國的生活經驗，讓我領悟到資優的多元可能性。

我發覺：當地美國白人父母，對這項檢測結果，未必領情。即使孩子被檢測為資優生，他們拒絕就讀特殊學校的比例，約有六、七成以上。因為他們不想讓孩子去個以學科為主的資優學校。**孩子的前途其實是寬廣的，不是只有會唸書而已**；打棒球、踢足球、拉小提琴、學跆拳道、田徑、游泳……這些非學科好的表現，未來都是去優秀大學的助力。

收到通知時，外子剛好在台灣有個大學教職的機會。雖然我們在美國有房子、有綠卡，但一直很想為自己的故鄉貢獻心力，更想念台灣的親人。不過有許多台灣友人勸我：為了孩子，一定要留在美國！可以夫妻分開，先生負責賺錢，我留在美國負責教育兩個孩子（就是所謂的「內在美、外在台」，有不少人做此選擇！）。

他們告訴我：台灣的教育環境，被眾人公認為毒蛇猛獸、唾棄到不行……回台灣去，必定會抹煞掉孩子們的快樂童年與天賦優勢！

但是我們還是放棄了這個資優教育的機會，也放棄了綠卡。因為我認為：**比起資優生的教育，健全的家庭教育對孩子有更深遠的影響力！**

根據英國密德塞克斯大學一份長達三十六年的追蹤調查顯示：每一百個天才當中，只有三人終能發揮潛能，展現天賦異稟。其餘大多數的資優生，終其一生沒沒無聞，成就平平。調查中追蹤了兩百一十名資優生發現，只有百分之三資優生的生涯發展與最初天賦相關聯，符合一般世俗認定的「成功」定義。

研究表示，資優兒的未來之所以失敗，多與大人施以高期待高壓力，以及童年受到剝奪有關。

資優，該是全面性而非單一學科。對我而言，小熊們能好好的練打棒球，比去跳級提早學高年級的數學，要重要多了！運動裡可以學到的做人態度、運動家精神，豈是高等幾何學可以教導的？

當然，孩子們轉學回台灣後，我們在東西教育差異的衝擊下，有許多感觸。台灣的教育的確有其問題，我不美化、但也不妖魔化現實狀況。

我不諱言：小熊周圍也有許多待在補習班（安親班）到八、九點的小學生！我常在想：小學就補成這樣，國高中不是要補到深夜？有必要讓唸書成為被動的苦差事嗎？雖然我知道台灣雙薪家庭父母有許多苦衷，但這些都不是孩子自願的選擇。

說真的，台灣的教育真是恐怖地獄嗎？也不一定。目前小三的小熊（我們讓他降級一年），是個有五個以上社團活動的快樂孩子！他參加過的學校社團可真多，有：圍棋社、棒球社、直排輪、動高動力機械人、街舞社、弦樂社、桌球社……同時他也是學校的足球校隊成員之一。他還告訴我：接下來想去試試陶藝社與跆拳道社！

這些課外活動都是他自己的選擇，在台灣讀小學的他，每天忙的不亦樂乎，跟在美國一樣快樂。

從資優生變成降級生，小熊求學的起伏其實不小。不過最近我問已經搬回台灣快兩年的小熊說：「當年你通過美國的資優生計畫，我們卻沒讓你去讀……如果時光倒流，讓你自己選：是要回台灣和爸爸及全家人在一起？還是在美國接受資優教育、與優秀的孩子在一起學習、但是不能常看到爸爸……你選哪一個呢？」

小熊想了一分鐘，很自然的說：「我希望一家人都能在一起……我選擇回台灣！」

要讓孩子有快樂童年，其實事在人為；許多孩子的壓力都是父母給予的。西諺不是有云：「通往地獄之路往往是由善意鋪成的」？仔細思考，一點也沒錯。

希望更多在台灣的孩子，都能走出比資優更寬廣的路。當然，這需要父母的努力與支持才是。

小熊媽　寫於二〇一〇年十一月十一日深夜

目錄

part 2 我的熱血棒球

part 3 我的幽默媽咪

part 4 當我回到台灣

Part 1. 我在美國學校

美國小學生的契約與快樂的10祕訣

如果你已婚，要與配偶有更多互動關係，甚至要多於與孩子的互動。孩子最嚴重的不安全感來自感覺到：父母的婚姻其實不穩固，不長久。

如果你現在單身，不要嫁給你的孩子。當一個有趣的人，有正常的社交活動。你的福祉就是你孩子的幸福。

五歲的小熊，在美國上幼稚園大班（Kindergarten）的第一天，簽署了他人生中的第一個契約：Student Contract。

開學時，媽媽在小熊的家庭聯絡簿（在美國叫Student planner）上，發現一頁很有趣又詭異的文件：學生契約。這契約要求學生本人簽名，當然爸媽也要當見證人。以前在台灣上學時，從來沒看過這種東西，所以媽媽忍不住仔細地研究這張契約書，內容其實很像是小學生的摩西十誡。

特別翻譯契約內容如下：

身為克萊斯米爾小學的學生，我，小熊（學生簽名）答應要做到以下事項：

1.做人做事要誠實。
2.總是用有禮貌的話語。（不論是說的或寫的。）
3.尊重別人及其所有物品。
4.在學校內永遠用走的。（我作證，此點對小男生而言真的很難。）
5.在公共區域要放低音量，輕聲細語。（這點該給日本及台灣旅行團看一看。）
6.用頭腦解決問題，而非用拳頭。（原文更妙：Use my head in stead of hand to solve the problem）。
7.遵守學校的穿衣規則。（另有一頁寫了不少守則。）
8.每天要乖乖寫作業。
9.每天要帶家庭聯絡簿給老師看。
10.每天都要乖乖去上學。

聽說美國人結婚前流行簽契約，想不到小學生上課前也要簽契約？美國，真是一個法治的國家。媽媽偷笑的想：不知道違約會是什麼下場？

契約簽完沒多久，學校的Counselor（類似輔導老師）又發出一張建議書給家長，上面寫著：「**養出快樂健康孩子的十要訣**」。內容十分精闢，令人深思，在此記錄內容如下：

1.如果你已婚，要與配偶有更多互動關係，甚至要多於與孩子的互動。孩子最嚴重的不安全感來自感覺到：父母的婚姻其實不穩固，不長久。

2.如果你現在單身，不要嫁給你的孩子。當一個有趣的人，有正常的社交活動。你的福祉就是你孩子的幸福。

3.期許你的孩子服從，冷靜的期許。不順從的孩子也會是不快樂的孩子。

4.期許你的孩子在家中也是個有貢獻的人，分給他有意義的家事。一個好的社會公民總是願意奉獻。一味只要求別人（Demanding）而自己不奉獻的人，不會是快樂的人。

5.告訴你的孩子：快樂不是你擁有多少東西，而是如何去享受你已經擁有的東西。

6.告訴你的孩子：世界上最有趣的兩件事就是閱讀與旅遊，兩者都能夠累積美麗回憶，而不是累積東西或財物。與其去買東西，不如花時間陪陪孩子：與他們閱讀、釣魚、打球、散散步……。

7. 限制觀看電視與電玩的時間：快樂的孩子是活潑多動而常常運用想像力的。

8. 培養孩子有個嗜好：嗜好能培養想像力與創造力。所謂嗜好，是孩子可以自己去做而不需要監督的事情。

9. 教你的孩子要有禮貌：禮貌從尊重別人及注意別人的話語開始。快樂的孩子是常關心別人的，而不是只要求別人來關心自己的。

10. 設立高標準：尊重孩子從他能盡力做到最好開始，不要讓孩子找理由或接受他的藉口。當孩子能以自己的成就為傲時，才是快樂的孩子。

看完這些，很慶幸有些祕訣在我家已經實行了，例如分配家事、多陪陪孩子……但是也有做不到的地方，如設立高標準。天下的癡父母們，包括我自己，通常都認為孩子還小，一點點小成就，就忍不住為他們敲鑼打鼓到陣天響，哪還有什麼更高的標準？還有，標準到底要多高？很難拿捏。怕孩子做不到會喪氣，又怕影響孩子的自信。

最有感觸的，該是第5和第6點吧。我們大人又能做到多少？在消費文化已經發展到有點過分奢華的今日，誰不比房子？比車子？比手機？比LV包包？或比孩子的學校？比孩子的才藝？清心寡欲，說的容易，做起來多難啊！

拿著十祕訣的單子，自己也流起一身冷汗。佛教有一篇懺悔文是這樣說的：「**往昔所造諸惡業，皆由無始貪嗔癡，從身語意之所生，一切我今皆懺悔。**」要與孩子活得快樂、健康、簡單，其實都需要從心開始修行，因為人心是多麼的軟弱啊！

這樣去上學喔？兒童日與社區服務日

很佩服美國小學的活潑教學，孩子們在開心扮演社區英雄時，不但了解了他們的工作內涵，也能更尊重這些人的辛苦努力。

難怪美國小孩愛上學，我們小時候都穿著制服上學，好一點則有一天便服日。今天小熊美國學校還真不一樣：校長發了一道聖旨（事實上是張A4紙），要孩子們打扮成歌星、英雄或公主去上學！校長還說：學校會在門口鋪上紅地毯，歡迎這些Stars的來臨，因為今天是學校的「兒童日」（Kids day）。

和小熊討論了好久，他決定要打扮成日本忍者去上學，因為上次萬聖節的忍者行頭他實在太愛了，不過遠在台灣的阿嬤看到可能會說：「哇？我孫子在上什麼學校啊？教忍術的木葉忍者村？還是搶銀行啊？」

為搶拍照相，熊媽當天特別早送小熊去上學。清晨六點半，猜猜看我們看到什麼？首先是滿身肌肉的忍者龜（果然這是忍術學校，哈），還有許多蜘蛛人、蝙蝠俠、超人等英雄類的打扮，這些是男生的最愛。

門口果然有紅地毯，導護老師很開心的樣子，她低下頭問小熊：「你今天的打扮是什麼啊？」

後面的賽車選手搶答：「是日本忍者啦！」

進教室後，大家排隊把聯絡簿交給老師，有的小孩父母沒給孩子穿特別服裝，他們對有打扮的小朋友又是驚訝，又是羨慕。

小熊的好朋友傑可比進教室時，看到忍者小熊，張大了嘴說：

「小熊？Look at you……？！」

然後看看自己。難過的說：「我什麼都沒有耶，媽媽沒幫我準備……」

熊媽趕緊安慰他：「你穿的很像紐約的街頭舞者，真的很酷耶！」

傑可比破涕為笑地說：「你這麼認為嗎？哈哈！」

小熊托兒所的老同學梅樂莉穿成俄羅斯公主，平時有點胖胖又害羞的她，今天特別美麗。她自己也覺得自己不同，頭抬得好高呢！只是看到上課時小熊忍者與俄羅斯公主坐在一起的畫面，真是有趣。

在美國上學，總有好多活潑有創意的活動日，不久前學校也要大家填一個表格，題目是：Community helpers，同時要孩子們打扮成一位Community helper的樣子去上學。媽媽不太懂其中意義，只好問小熊是什麼意思。

小熊說：「Community helpers，就是在社區幫大家忙的人！像郵差、消防隊、警察伯伯、清潔隊員，都是啊！**老師教我們要寫出這些人做什麼事情，然後要打扮成他們來榮耀他們！**」

原來如……那在台灣幫忙指揮交通的愛心媽媽，好像也算喔？

小熊很俐落的寫完他心目中的社區英雄，然後把問卷表交給媽媽：「週五我要打扮成他喔！」

媽媽接過紙張，當場傻眼。不過別以為媽媽是白當的，這裝備難不倒我。

週五，我家的小小社區英雄正式著裝上場了！噹噹噹，他扮成一名警察。我又去幫小熊找來相配的褲子及皮帶，連警棍、手槍都很容易買到（美國孩子太喜歡變裝了！）還有臂章及警徽。

至於這套衣服哪來的？當媽媽總是要未雨綢繆，來美國後我超喜歡逛日本太太的車庫拍賣會，有一次看到一件天藍色的警察裝，上面還繡有警徽，制服很新又帥氣，本來想萬聖節時要小熊當警察去討糖用（媽媽的如意算盤是：看到警察來敲門，糖果應該會多給一點吧？）想不到小熊想當忍者，所以這套衣服一直被冰凍起來。

想不到萬聖節沒用到，在學校裡派上用場?!週五當天，送小熊去學校，一路上看到小郵差、小消防隊員……更可愛的是穿反光背心，拿著STOP標誌的小愛心媽媽。

說真的，很佩服美國小學的教學活潑，孩子們在開心扮演社區英雄時，不但了解了他們的工作內涵，也能更尊重這些人的辛苦努力。還有，穿這樣上學，孩子們簡直是迫不及待。學校，真是個充滿新奇的開心所在啊！

當天下課後，小熊意猶未盡，不肯脫掉帥氣的警察制服，媽媽順水推舟地說：

「那……這位警察先生，來做社區服務吧？」

於是見一位帥警察，開始打掃社區的街道。這街道主要坐落在熊窩前方，媽媽泡著茶，欣賞這賞心悅目的一幕。小警察越掃越開心，還哼起歌、跳起舞來。

好棒的社區服務！小熊，媽媽真以你為榮。雖然這服務你好像穿錯制服了?呵呵。

植物園的小熊樹：美國小學戶外教學記

這是小熊一年級的自然科學課，多麼生動，可能比光讀教科書更能牢記心裡吧！

小熊五歲時的初秋，媽媽終於能夠親自參加小熊的校外教學（Field trip），實在很難得。

小熊上學以後，也曾去過不同

的地方校外教學，不過因為學校規定：家長不可以帶幼小的手足一起參加，而因為弟弟還小的緣故，所以小熊採蘋果、摘南瓜、逛農場……媽媽一直缺席中。

這次的戶外教學，是去爸爸任職的學校裡、園藝界算是小有名氣的「UKY植物園」，老師也答應我可以帶小小熊一起去，所以媽媽努力拍下了好多回憶。

記得我小時候，校外教學與「遠足郊遊」，是打上等號的。遠足要做什麼？一定吵著要媽媽買乖乖、孔雀餅乾、最好還有夢夢口香糖或賓果蜂蜜口香糖！（有些好像消失了？五年級遙遠的回憶啊！）然後前一晚看著零食、背包，興奮得整晚睡不著。後果就是第二天眼皮超級沉重，在遊覽車上昏昏欲睡……這就是我小時候對校外教學的有趣記憶。

小熊的戶外教學，有點不一樣。老師特別在幾天前就提醒：每人要自備一包可以丟棄的午餐包（SACK LUNCH），不要帶便當盒或水壺，以免孩子弄丟。最好是三明治、小罐果汁、香蕉或蘋果，另外每個孩子一人一份詳細的觀察紀錄表（類似台灣的學習單）。

到了植物園內，在等待解說員時，孩子們紛紛爬上廣場上巨大的空樹幹，開始男女各佔其領地的有趣舉動，雙方喊口號叫陣，男生齊聲說：No girls allowed，女生則不甘示弱的回應：No boys allowed。

不過美國教育真開明，老師只是笑著靜觀其變，還看得津津有味。熊媽才了解：原來美國小一就開始有性別界線？難怪小熊常說：他在學校不太和女生玩，這是小男生間的約定。記得他在幼稚園時可不是如此，超愛找小女生玩的。

解說員來了，大戰結束，她開

始為孩子們講解植物授粉的原理，同時**把小朋友分成兩半，一半當樹，一半當蜜蜂。每棵「樹」都發給數十張小紙條當作花粉，和一個空塑膠杯當成花朵；「蜜蜂」則是一人一張小紙條。**

蜜蜂的工作，就是飛到不同的樹旁，把小紙條放到杯子裡，就是協助授粉，然後樹會給他另一張小紙片，讓他到另一棵樹去傳遞花粉。

第一回合時，老師讓當樹的小朋友隨便到處站，只見小熊這隻小蜜蜂也是隨意亂飛。

五分鐘後開始第二回合，樹與蜜蜂角色交換：蜜蜂變成樹，一排一排站好。小熊這次變成一棵樹，他還很嚴肅的板起臉，努力僵直不亂動……好多小蜜蜂都來授粉。

最後比較發現：當樹是一排一排站好時，比隨意亂站、授粉的機率（每個孩子杯子裡的小紙條數目）高很多。解說員說：這是因為排排站，蜜蜂好工作，不用飛來飛去亂找一番，所以這就是**為何果園的樹都是排排站的：因為受粉率高，結的果實就多**。

這是小熊一年級的自然科學課。多麼生動，可能比光讀教科書更能牢記心裡吧！

接下來老師把孩子們分三隊，各別帶開參觀各種花園與菜園。小孩子們人人拿著一張觀察紀錄表，記錄他們看到哪種植物。小熊去聞了薄荷的葉子、去池塘邊看浮萍及睡蓮，也在世界地圖上找各地的特產食物：美國的是葵花子、加拿大是楓糖、中美洲是玉

Almond
Southwest Asia
Black Pepper
South India
Cardamom
India
Clove
Indonesia
tar anise
China & Vietnam
RAND McNALLY
World
EUROPE
ASIA
KAZAKHSTAN
MONGOLIA
CHINA
INDIA
INDIAN
OCEAN
INDONESIA
UNITED STATES
Sea of
Okhotsk

米……中國地區竟然是：八角！

弟弟也跟著媽媽，由於聽不懂，開始不耐煩，所以媽媽帶他去遊客中心的兒童觀察區檢查毛氈苔。午餐時分，男孩與女孩分別找伴坐好，弟弟則是睡著了，媽媽盡責地幫他吃完豐盛的午餐，呵呵……

午餐後小朋友搭校車回去，家長們則是分別開車回家，此時弟弟剛好睡醒了，他看到哥哥開心的坐上黃色大校車（School bus，有趣的是，全美的校車都長得一模一樣，而且永遠都是小男孩的美夢！）他突然心急的嗚嗚直叫，小胖手指著校車，表示自己也要上去。

抱歉，弟弟，你才兩歲，三年後如果我們還在美國，你才能一償宿願。不過媽媽會幫你多拍幾張校車當紀念的，望梅止渴也不錯啦！

印地安村的幼童教育

如果孩子能從小就被教導：如何尊重少數民族的文化，不論是客家的山歌、布農族的舞蹈，甚至於外省不同習俗……會不會對台灣族群的融合，更有實質的意義？讓孩子們長大後，不會一到選舉期，就與政客的荒謬族群言論煽動，隨之起舞呢？

族群，本該由互相了解，進而互相尊重的。

感恩節（Thanksgiving，每年十一月），是美國獨有的節日。

美國的節日都有很多圖騰或佈置用的圖案，例如十月底萬聖節的南瓜、稻草人，在十一月的感恩節也會出現，但是更多的楓葉與火雞會加入感恩節的行列；還有一種特別的圖騰：印地安人。因為最早的清教徒為追尋宗教自由，由英國乘坐五月花號來到美國東岸時，面臨了恐怖的寒冬，還好印地安人伸出了援手。感恩節的由來，與這段歷史有關。

其實，在我們旅居美國的印象中，沒有一個節日像感恩節一般，充滿了烘焙食物的甜香：火雞、玉米、地瓜、南瓜派等是感恩節必備的食物，甚至有美國朋友戲稱這是「火雞節」，因為如果你沒吃到烤火雞，就像沒過感恩節一樣！

可是，在小小熊的幼稚園裡，轉變了我對感恩節就是「美食節」的看法。

小小熊的學校，感恩節都會舉辦印地安村（Indian village）的活動。這次熊媽自願去當義工。想不到義工媽媽的第一件事還真有趣，就是為自己挑一個印地安名字；例如：跳躍的鹿、下雨的雲、唱歌的鳥……這些是印地安人取的、與大自然有關的名字，然後為自己做一個羽毛頭飾。每個幼稚園裡的孩子也要選個印地安名字，自己做個可愛的印地安頭飾。

熊媽為自己挑了一個名字：青空（Blue sky），並且打扮妥當，然後到自己負責的工作區去站崗。

會場分為七、八個工作區，每個工作區的內容可愛又多變化：有教孩子們捏陶罐、有幫孩子畫印地安人臉上的刺青、有的教孩子做一條皮項鍊、有的用牛皮紙讓孩子仿製假牛皮，還有做印地安頭飾、吃玉米麵包等。熊媽負責的，是教孩子用燕麥片的罐子，裝飾成一個小戰鼓。校長說：「在活動的最後會用到它。」

會場另一端還有遊戲區，孩子們可以坐在小木船上抓魚，或是練習用假的弓射箭、在牛皮紙搭的印地安人帳篷（Tepee）裡玩家家酒，或是認識一些有名的酋長的肖像。

老校長海絲是個滿頭白髮，身材圓胖，笑容安詳的親切老婆婆，她在會場裡指導家長如何做好各項工作，由於我是新人，她特地帶我到每一站去仔細解說，她還告訴我：「印地安人帳篷會掛一個圈圈，叫『Dream Catcher』，可以留住好夢，擋住惡夢！」

活動開始，孩子們魚貫入場。小小熊直接跑到媽媽的攤位前，開心的要做戰鼓，不過因為他還沒有做頭飾，不像

個印地安人。媽媽趕緊道德勸說，讓他先去別的工作站先選個名字做頭飾再說。

五分鐘後小小熊回來了，開始把玩桌上的樂器，媽媽卻對他被老師賜的「芳名」很有興趣。只見小小熊的頭飾上寫著：「游泳的烏龜（swimming turtle）」？媽媽臉上又想笑，又浮現三條黑線。（呃，媽媽總覺得男生與龜這個字還是保持距離得好。）不過，他一點也不在意，開心得很！而每個孩子對自己的名字，似乎都有一種很隨緣的心態。

氣氛越來越熱絡，孩子們開心的穿上鹿皮背心，模仿印地安人打獵、捕魚。小小熊也登上一艘木筏，努力捕魚，為熊族的晚餐而努力。

然後老校長集合眾人，教唱一首《跳舞吧！印地安的孩子》（Dance! dance! dance! Indian boy／girl）。緊接著是壓軸的演出，孩子們帶著剛做好的小鼓，由老校長帶領，圍著帳篷及小小的營火，隨著美麗的音樂，邊唱邊跳印地安之舞。

這是我們體驗到美國幼稚園的難忘一課：不是用吃吃喝喝來慶祝感恩節，而是用活潑的課程，讓小小孩能更加認識美國原住民的文化與生活。

熊媽一面看，一面想，將來小熊回台灣後，不知有沒有類似的活動呢？希望是有的。

如果孩子能從小就被教導：如何尊重少數民族的文化，不論是客家的山歌、布農族的舞蹈，甚至於外省不同習俗……會不會對台灣族群的融合，更有實質的意義？讓孩子們長大後，不會一到選舉期，就與政客的荒謬族群言論煽動，隨之起舞呢？

族群，本該由互相了解，進而互相尊重的。

陳建年，一位台灣原住民歌手在「海洋」專輯裡，有一首很發人深省的歌曲〈我們是同胞〉：

「山地人也好，平地人也好，我們都是這裡的人民。先住民也好，後住民也好，我們都是這裡的住民。

我們不是敵人，所以請你要尊重我，讓我來欣賞你。

因為你曾在佛前跪，求千年的緣；我更在主前應許萬年的諾——我們是同胞……」

站在千里遠的海外，看著自己的孩子與美國小孩開心跳著印地安之舞，心裡的感慨卻是很深刻的。

自由與創意的美國小學

學校其實就是社會的小縮影，讓孩子提早了解族群與社會現實，也比較容易去適應、去體諒，這是教育該做的事。

二〇〇七年的八月，小熊正式要升上小一新生了。在開學前一週，學校會找一天特別開放（Open House Day）給家長及孩子參觀。正好有兩位從台灣來玩的阿姨們，對美國的小學也很有興趣，所以我們全員出動，一起去小熊的學校好好的觀光一番！（沒有人像我們這麼努力的拍照，簡直像狗仔隊出巡一樣！）

美國小學與台灣小學最大的不同，是教室的區隔：不是把同年級的教室排在一起，而是把教室與老師黏在一起！

孩子每年會重新分班，老師則是守著他的城堡與教具不變動。例如：小熊在

Kindergarten的老師，就一直留在20號教室，迎接下一屆Kindergarten的新生。如此一來，老師就可以一直好好管理自己的教具，新的學年只要小幅調整佈置就好。

小熊今年的教室在13號，老師是康納莉小姐，是一位三十多歲、棕髮藍眼、身材圓胖、笑容超級明朗的人。我們到達教室時，很多同學已經先把文具都放在自己位置上了。

附帶一提，美國開學前，大賣場都會有Back to school大特賣。所有的賣場都在摩拳擦掌，狂賣各種文具、衣服、背包……甚至大學生的住宿用品。而美國的小學開學前都會發一張「X年級用品採購單」，裡面還會要求家長買固定品牌的文具，例如：蠟筆及

色鉛筆、彩色筆都要買CRAYOLA牌（美國蠟筆第一品牌。老實說，我喜歡台灣的雄獅或飛龍，感覺比較好用），甚至連小剪刀都要指定Fiskars牌的，還要買紙巾、夾鏈袋、大文具盒、公用橡皮擦（粉紅色長方形）與二號鉛筆。熊媽光採買文具，就花了好幾天，跑了數家店才買齊。想想在台灣只要繳雜費就解決一切了，到底哪種制度比較好呢？

進了康納莉老師的教室後，教室的後方是一大堆分類好的蒙特梭利教具。老師說，這些小一的蒙特梭利教具，很多是她和資深老師一起製作的。與小熊唸蒙特梭利的Kindergarten時不同，玩具式的教具少了些，多了很多英文閱讀與數理的訓練方格。

參觀的同時，突然想起我小學時代的往事。

由於熊外公工作的關係，小時候我是越區到總統府前的某知名小學就讀。很有趣的是，學校左邊就是中正區的好家庭，右邊則是一群老舊的眷村，我們叫它十八巷。我的同學，從側門放學的，多半是往中正區的好人家子弟，走正門的，就是像我這樣越區就讀，或是十八巷的「非好野人」子弟。

我們班共五十一人，從一年級到六年級都沒分班過。男生三十人，女生二十一人，有的同學是空軍將軍的兒子，也有人是十八巷裡，幫人打零工的貧窮子弟。

所以，我跟身上總是飄著香味的女孩子坐過，也跟身上總是有些異味的人踢過毽子。

小學對我影響很大，跟出身不同的同學相處，讓我增長了許多眼界，也讓我體認到：**人的品質，與家世是否顯赫，並無絕對的關係。**

美國的小學，至少萊城的小學，也要求族群與家庭階級的平衡。學校會越區招收一些黑人或低收入的家庭，讓學生不會清一色的都相同。

小熊在唸Kindergarten時，班上有位黑人同學EJ，溫文有禮，一點都沒有黑人刻板印象裡的不良行為，反而有的白人男孩喜歡霸凌幼小的同學。

多元化的學校裡，能增加孩子的眼界，能對不同族群多些了解，打破族群間的刻板印象。我覺得，這是個好做法。學校其實就是社會的小縮影，讓孩子提早了解族群與社會現實，也比較容易去適應、去體諒，這是教育該做的事。

參觀美國小學，另外還有一個感

想：雖然只是小學，校園裡的自由與創意度，真高！

我們同時去看了中、高年級的教室，發現每個老師都依自己的方式，佈置不同的美麗教室，連桌椅排法都各不相同，有的還有木頭搖椅或舒服的大沙發。老師早上給孩子們講故事時，就讓孩子圍坐在椅子旁的地毯上。

窗戶上也有花色不一的窗簾，依照老師想給教室帶來的感覺而不同，有的清新明亮，有的鮮豔熱鬧。

記得我小學的時候，全班五十一人都是「排排坐，分果果」，連位置都快不夠了，哪有這麼多好玩的區域，還有沙發與專用閱讀區？**美感的養成，其實是從小開始的。**

各教室中唯一統一的佈置，就是**每間教室入口，一定有一面不小的美國國旗！**每個孩子從小就被教導敬愛國旗。有位阿姨偷偷笑道：「台灣小學好像不流行這一套了？反共復國的年代倒是有的呢！」

出校門口時，看到學校的標誌，是一隻綠色的大山貓（Wild cat），一旁還有小學的校訓。我準備把這四句話貼在家裡的牆上，希望小熊不要忘記：**成功，是要與他人合作，總是尊重他人，勇於承擔責任，及用堅毅的決心去換來的。**

小熊，媽媽與你彼此努力。

美國小學生的「機智問答比賽」

美國的小學教育，竟然也有這種全城的教育局舉辦的各校益智問答比賽，還是從小一生就開始參加。讓孩子們可以練膽量，也了解知識的多元性。而這些題目都沒有課本與參考書出處。

更讓我佩服的是，大人與孩子視比賽為稀鬆平常的事，勝不驕，敗不餒的精神，在小小比賽中培養，感覺真是不錯！

在我們居住的萊城裡，有兩間公立的明星小學：R小學及V小學，學生成績都是最頂尖的，許多亞裔父母擠破頭也要想辦法搬進這兩個學區。

正好我認識一位台灣媽媽，兒女在R小學就讀，孩子分別是小學一年級及三年級。學期一開始時，就聽說她的孩子都主動報名參加了Academic challenge team（學術挑戰隊）；熊媽從沒聽過那是什麼組織，只聽他們很積極的去當隊上的coach（教練），讓孩子練習類似台灣的「百萬小學堂」的機智問答題目。

如此這般，小熊與媽媽繼續快快樂樂的混美國小學生活。突然有一天，媽媽也收到了單子，說小熊被選入他們C小學的Academic challenge team，附註說明：全萊城的第一次比賽，就在後天。

我們可沒報名啊？這是怎麼回事？趕快去問那位台灣媽媽。

她有點驚訝的說：「我們R學校都是想參加就參加的，從沒聽過選出來這回事，而且我們都練好久了耶。你怎麼都不知道呢？」

可能是熊媽都在忙種花種菜吧？問題是，我們從來沒練習過，後天就要參加比賽了？這是怎麼回事啊？

就這樣，好奇的小熊與媽媽，抱著劉姥姥來看熱鬧的心態，糊裡糊塗的參加了第一場全萊城的「美國小學生的機智問答」比賽。當天溫度：攝氏零度，小熊雖然感覺很冷，但是很開心。

我們在門口看到許多孩子坐黃色校車來比賽。有趣的是，這裡黑人白人區還是分得很清楚，坐校車集體來的，多半是黑人學校。白人孩子多半是家長自行接送來的。這是有車與無車階級的區別吧？

到了教室，發現小熊的同班同學亞當也在小熊這一組，亞當的媽媽也很重視教育，她告訴我很多小道消息。小熊的C小學本來不參加這場primary（初級組，指小一到小三）的比賽，後來又臨時決定參加，所以孩子們的確是被挑選出來的。

仔細一看賽程表，R小學與V小學都派出ABCDEFG……等好多隊伍，可能是自願參加者眾吧？我們的C小學只有少少的ABC三隊：志在參加，不在得獎。

每隊的編制最多六人，由小一到小三的學生混合組成。小熊的隊上有兩位三年級的哥哥姊姊：艾蜜莉與傑可布、一位二年級的缺席、剩下三個很開心（或是狀況外？）的一年級生，包括我家興奮過度的小熊哥。

比賽開始，老師說明規則：題目分為兩階段，每階段共有十題，每題有四十五秒可以作答。每間教室共有三所小學的隊伍競賽，分數最高的晉級。採單淘汰制，比輸一場，就可以打包回家了。

媽媽在後面觀戰，越聽越心驚：在此舉出兩題簡單的問題，試試看你知道答案嗎？

1.有一系列的童書，內容是四個孤兒的冒險偵探故事，請問是哪一系列的書？

2.什麼地方是大陸、也同時是一個國家？

（答案見文末。）

說真的，有些題目熊媽都答不太出來，不過小熊隊上三年級的哥哥姊姊艾蜜莉與傑可布，很有大將之風，幾乎題題答對。我們竟然贏了第一場，進入複賽。

小熊很認真，他的工作呢？就是旁聽者。看得出來他聽不太懂題意，也不知道答案。但是哥哥姊姊答對時，他都會很開心的兩手握拳放在腰上，開心地喊著：「Ye～s！」

的確，小一生而已，來觀摩就好，不用期望太高。

第二場比賽我們以一分飲恨，準備打包回家。比賽結束時，各隊會互相握手說聲：「Good job!」（做的好！）

回家前指導老師爽朗的說：「你們表現得很好，有沒有很開心啊？」

「有～！」小朋友們拿著大會頒發的參賽證明書，又笑又跳的說。

「那就好了！這就是我們的目的。」

小熊開心的跳出教室，媽媽卻仔細思考一些問題。

以前我都以為，美國小學就是打混摸魚，孩子快樂就好的地方，看樣子我錯了。美國的小學教育，竟然也有這種全城的教育局舉辦的各校益智問答比賽，還是從小一生就開始參加。讓孩子們可以練膽量，也了解知識的多元性。而這些題目都沒有課本與參考書出處。

更讓我佩服的是，大人與孩子視比賽為稀鬆平常的事，勝不驕，敗不餒的精神，在小小比賽中培養，感覺真是不錯！

不過想想，台灣要是舉辦類似比賽，只怕各種補習班、參考書都會出籠，結果是給孩子更多壓力吧？

※解答：1. The Boxcar Children。2.澳洲。

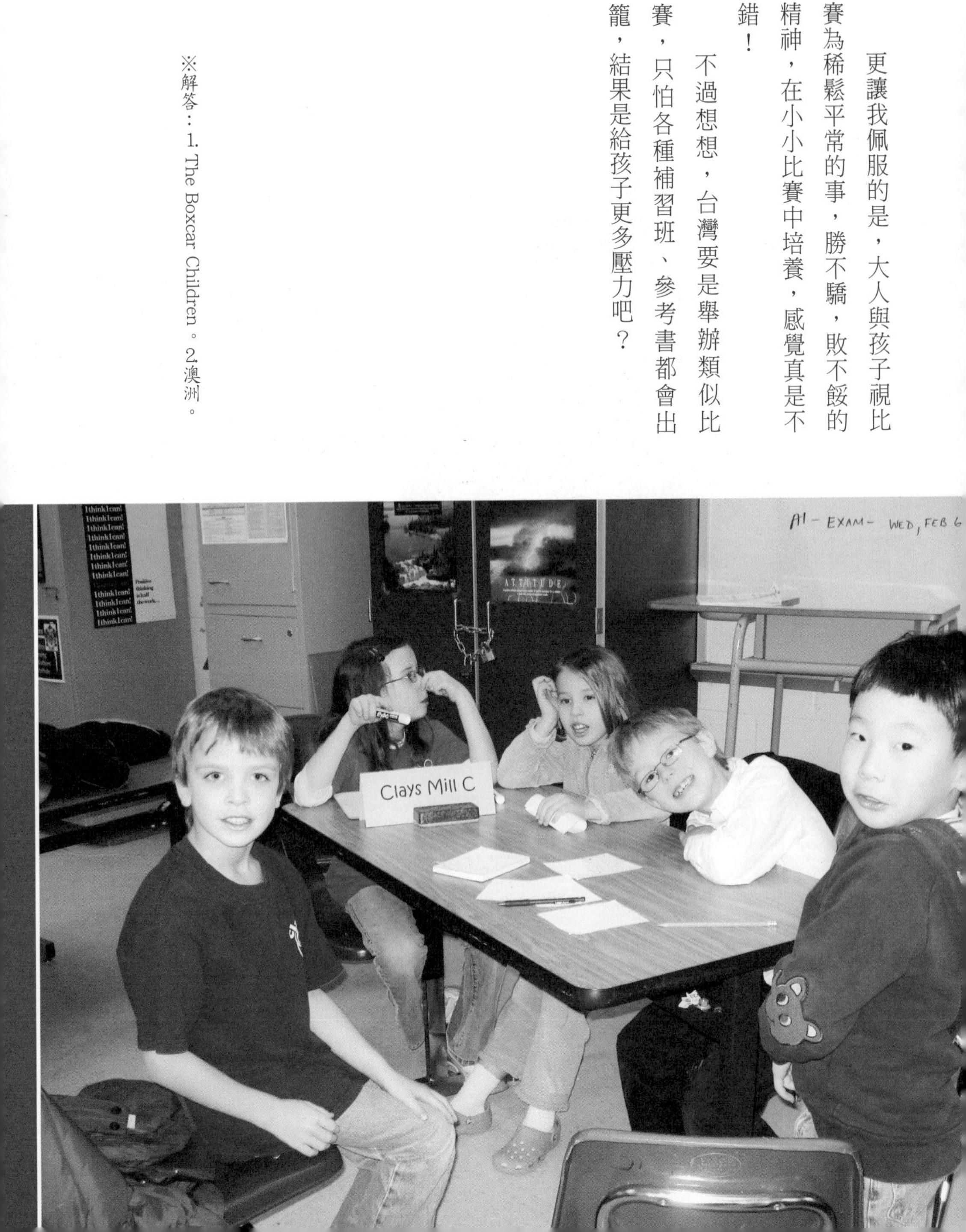

Longview

小學的「禮物計畫」，美國資優教育觀察（一）

我們不喜歡給孩子貼標籤：誰資優？誰不資優？
因為每個孩子在不同領域，都有獨特的資優之處吧。

小熊在美國從幼稚園大班到小二，都是在熊窩附近的C小學度過。C小學是一所很資深的公立小學，數年前在萊城曾排名第一，目前因為許多新學校出現而排名下滑，不過老師的教學資歷都不錯。

學校雖小，但所有的老師幾乎都認識小熊（可能亞裔學生也少，只有一位日本人、一位中國人及一位台灣人（就是小熊））。每天放學時，許多老師都會與小熊打招呼說再見，我們很喜歡這種感覺。

學校的教學也很有彈性。例如，當下週數學進度是「基本幾何學」時，老師會先給

全班做學前測驗（Pretest），然後依據學生對幾何了解的深淺程度，把學生分為初級、中級、高級三組。由二年級不同的導師分別帶領不同程度的學生。

閱讀與寫作也是分成三種程度。時間一到，孩子們拿好紙筆，自動去不同老師的教室報到。

目前除了這兩個科目以外，其他的音樂、體育、美術、電腦等，都還是與原班同學一起上課。**如此不落痕跡的因材施教，我們覺得很好。**

為何不落痕跡很好呢？記得我小學時，就有一班特別分出來的資優班。他們有兩個導師，他們也不太跟我們玩，而我們同學大多也不喜歡資優班的學生，總覺得他們趾高氣揚（即使他們沒真的對我們睥睨過），看到他們就會覺得不太舒服……誰都不想矮人一截，或被標記「不資優」吧？記得一起上體育課打躲避球時，我們班上男生最喜歡攻擊資優班的學生。

說真的，熊爸與我一點也不想讓小熊參加什麼「資優班」，不過還是來了一個叫「禮物計畫」（Gifted Program）的通知。

「禮物計畫」不是學校辦的，而是全萊城教育局主導的。每所小學二年級的學生，都要參加智力測驗，成績在全城前百分之九十六的學生，就會被歸檔在Primary Talent Pool（初級資優生群）裡面。

教育局會指派特別的老師到學校去，每週選一天在特別的教室上課。上課的內容呢？我也不清楚，不過其他四天還是與同班同學一起上課。這種制度，也算有做到部分不落痕跡吧？

小熊和好友崔特、亞當，都被選到「禮物計畫」裡。他們的特別老師有個特別的姓，叫藍莓。更有趣的是，每次小熊去上禮物計畫的那一天，鼻子上會就被藍莓老師點一個紅墨水，所以當熊媽看到「紅鼻子魯道夫」回家時，就知道他又去見藍莓老師了。

「禮物計畫」還發了一張家庭問卷，要熊媽與熊爸看完後，分別寫下答案，然後討論了一下彼此的想法。我們赫然發現，爸媽看孩子的觀點，竟然是天差地遠？

問卷內容如下：

1.請簡單描述你孩子的興趣、特長、藝術活動或音樂活動。

熊媽：玩Wii、打棒球、跟弟弟亂玩一通。不喜歡著色畫，只喜歡自創漫畫，喜歡在棒球場上跳舞。

熊爸：閱讀科幻小說、做科學實驗、喜歡唱歌跳舞。

（熊媽驚訝地OS：我們在說同一個孩子嗎？）

2.請描述你孩子所熱中的事物？

熊媽：Wii、Game Boy、爆丸。

熊爸：科學實驗、電腦益智遊戲、研究紙飛機的結構。

（熊媽再次驚訝地OS：我們還是在說同一個孩子嗎？）

3.請描述你孩子喜歡參與的學校以外的活動？

熊媽：打棒球、踢足球……還是跟弟弟亂玩一通。

熊爸：去兒童博物館探索、打棒球踢足球、練中國功夫。

4.簡短描述你孩子表示好奇的事物？

熊媽：如何烤餅乾？怎樣做pizza？觀察弟弟睡覺的奇怪姿勢。

熊爸：對所有的火車汽車模型感到興趣、對周遭新的事物都很好奇。

5.描述你孩子與其他同年齡孩子所沒有的、對事情獨特的看法？

熊媽：好像沒什麼不同。

熊爸：他學習能力很強，教一次很快就會；記憶力也很好。

6.簡短描述讓你孩子覺得沮喪的事情？

熊媽：逼他吃紅蘿蔔、弟弟搶他玩具，還有媽媽說他不乖時。

熊爸：在大眾面前說話、不能正確表示他的想法、學認中文字。

7.簡短描述你孩子與玩伴、手足喜歡做的事情。

熊媽：玩Wii、爆丸、躲貓貓、玩紙箱子。

熊爸：球類運動（棒球與足球）、彈珠、Wii。

8.描述你孩子在做作業（project）時的行為表現。

熊媽：心不在焉，喜歡閃神。

熊爸：他很容易融入，而且別人有問題時，他很樂於助人。（熊媽補充：可能這就是閃神的原因？）

看完熊爸的回答，心裡有兩個感想：

1.人說「知子莫若母」，但母親是

不是太親近孩子的日常起居，只看到柴米油鹽，沒看到小熊其他的特質？這可能是母親教養上的盲點。

2.熊爸老是嘴巴上嫌兒子不夠好，原來對小熊也有這麼獨到的觀察，果然是一個傳統家庭出身、不輕易表達愛意的古板爸爸！

其實在媽媽眼裡，小熊是個普通、愛玩，但又貼心的孩子。我們不喜歡給孩子貼標籤：誰資優？誰不資優？因為每個孩子在不同領域，都有獨特的資優之處吧。還好目前「禮物計畫」看來無傷大雅，孩子能加入也不錯，只要小熊高興就好。

禮物們的藍莓課，美國資優教育觀察（二）

我從沒有與孩子進行這樣天馬行空的長時間對話，多半都是要求孩子：趕快洗澡、趕快寫功課、趕快吃飯……原來，這樣的對話也是很好的教育。

讓孩子練習想像力，同時練習回答問題，不要答非所問，以及反思自己的答案夠不夠仔細。

今天早上小熊起床後直說不太舒服，但沒發燒，也沒異狀，為了讓他放心，我答應中午到學校去跟他一起吃午餐。

早上十一點不到，小熊卻突然打電話回家，由於最近此地流感疫情嚴重，我擔心他開始發燒了，想不到他說：「媽，藍莓師說中午要我們和她一起吃飯，老師說也歡迎你加入喔！」

上週學校已經通知：今天小熊要和一些「禮物計畫」的學生接受「大禮物計畫」（全州資優生計畫）的測驗。主測者就是學校資優教育的主持人：藍莓老師。

小熊說他已經考了一整個上午，下午還要繼續考。想不到「大禮物計畫」要考這麼久，考試的敏感時刻，我覺得去查看小熊身體狀況就好，不要久留。

想不到見了藍莓老師後，我也上了一堂課。

藍莓老師是位五十多歲、白髮、高瘦的老婦人，當我進到她的資優生專用教室時，十幾個孩子正分組忙著玩益智遊戲。

不是在考試嗎？我納悶著。老師過來與我握手寒暄，她的眼神很銳利，但充滿智慧。她歡迎我來，要我留下來與孩子們共進午餐。

說話的同時，她沒停歇的給兩組孩子在遊戲上的意見：一組是用上百個原木塊蓋特殊尖塔，另一組在玩一種叫Batik的遊戲。兩種遊戲我都從未見過。

Batik的遊戲規則是：兩個人面對面比賽，把不規則木片丟入一個特殊高度的玻璃框中，誰的木片最先超過頂點就輸了。感覺有點像變化版的俄羅斯方塊。

小熊與他的同學亞當，則是在玩另一種類似塑膠橋的益智遊戲，他忙得沒時間理我。

藍莓老師笑著對我說：「在下一次測驗前，我讓他們玩遊戲，不要讓他們太累。」她說。

「請問……這個測驗是團體測驗嗎？」我好奇的問。

「是的，而且是全州標準化的，州內所有三年級的孩子都接受此一測驗；而同樣的題目，二年級的孩子只有在初等資優生名單（Primary Talented Pool）中的，才有資格提前一年接受測驗。這是一個很好的機會，不論結果如何，他們都比其他同學有多一次練習的機會！」

我在許多華人父母口中，得知「大禮物計畫」測驗通過後的孩子，就有資格進入一所專門的M小學，接受特別（類似跳級）的資優教育。那裡的老師及資源，都是政府贊助，並年年追蹤的。

此地的華人、印度人、各種亞裔人士無不以此為目標，希望孩子擠進窄門，接受更多特殊教育。因為接下來就是：一系列更好的初中及高中教育等著孩子，政府已經為這些孩子規劃好，這通往優秀大學的快速道路！

我們呢？由於還未決定留在美國還是回台定居，加上對跳級，還有對M學校也有些疑慮，所以我們對小熊

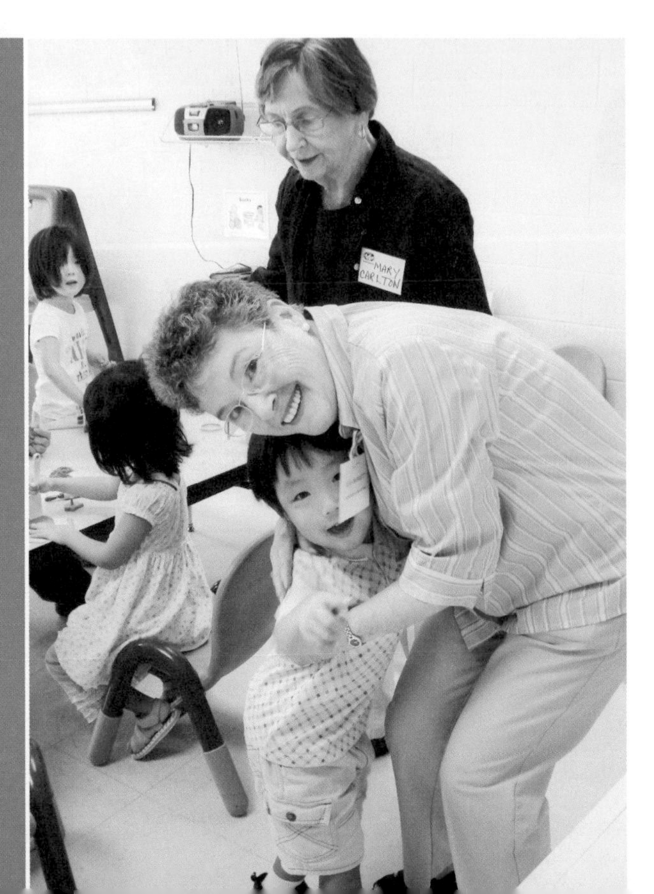

的測驗，只是抱著觀察的心態而已。

今天我沒幫小熊帶午餐，小熊與我到餐廳去買飯。可能是我在的緣故吧，小熊很乖的選了不少健康食品：主餐是披薩加上草莓牛奶、一碗水煮豌豆、一碟生菜沙拉、一碟綜合水果。

回到教室觀察一下，十位同學有七位都是自己帶午餐。不過其中只有一位的三明治與香蕉合乎熊媽的午餐標準；其他人不是在吃洋芋片，就是吃餅乾。崔特的午餐是巧克力餅乾與玉米片，加上Hi-C果汁。亞當吃完巧克力餅乾，還有一包糖果粉當甜點？

美國孩子吃的午餐，還真是與眾不同，連媽媽帶來的愛心午餐，都這麼美國？（熊媽臉上三條線中……）有人曾說：讓孩子吃學校的營養午餐不好，自己帶比較好。但只要孩子選得對，還是可以吃出健康的。

吃飯時間也沒閒著，藍莓老師說話了。

「請舉手回答我的問題吧？**如果今天要去旅行，可以去任何你想去的地方。除了家人，你想帶誰去？**」

每個孩子都搶著舉手回答。男生多半要帶好友，女生除了好友，還要加上藍莓老師。（證明女生果然比較貼心！）

藍莓老師繼續問：「再來一題，如果可以，**你喜歡變大還是變小？理由是什麼？**」

各種千奇百怪的回答都有，理由更是想像不到。小熊說想變小，理由是可以玩他的新玩具：迷你滑板車。

「**你最討厭做的家事是什麼**？」

小熊說是Clean up，老師要他仔細定義：是打掃房間？還是洗碗？還是收自己的玩具？

崔特說他討厭掃房間；亞當則說：「我從不用做家事。」（熊媽心裡偷想：這是你的幸運還是不幸？）

「老實告訴老師：**你一天看多少時間的電視？**」老師眼神炯炯地繼續問。

大多數的孩子都說一小時或兩小時。小熊也老實的說半小時到一小時。亞當說七個小時。老師與我有點不相信的笑看對方一下。

問題緊湊而有趣，孩子們樂在其中。離開前，我與小熊玩了兩次Batik的益智遊戲。我老神在在的以為：小孩子遊戲，沒什麼了不起的！結果，兩局我都輸了。

回家的路上，天空落下許多小冰珠，清脆的敲著車窗的玻璃，我卻一直在反芻兩個參觀後的心得：

1.仔細想想，我從沒有與孩子進行這樣天馬行空的長時間對話，多半都是要求孩子：趕快洗澡、趕快寫功課、趕快吃飯……原來，這樣的對話也是很好的教育。讓孩子練習想像力，同時練習回答問題，不要答非所問，以及反思自己的答案夠不夠仔細。

2.真的很佩服在家自學的母親，至少我個人是做不到的。我無法像藍莓老師一樣，**給孩子們許多遊戲與思想上的刺激**。以前我也曾想過自學，但家中的教育資源有限，我的思維又常常在茶米油鹽上打轉。此外，同學間的互動、競爭，也是我不能給小熊的另一種刺激。老師，尤其是特殊教育的老師，真是一種不簡單的專業啊！

聞道有先後，術業有專攻。今天對教育這件事，又有了些新的體認。這要感謝小熊的藍莓老師。

無策略少年閱讀飛行記

小熊，他都挑喜歡的繪本看，因為媽媽與小熊共讀時發現，他會花很多時間去研究書上的圖畫細節。媽媽雖然常去圖書館借書給他看，但從未針對學校的閱讀飛行去找書，而是憑母親的直覺去選書。

這麼有趣的閱讀計畫，仔細問後，我發現，眾媽媽其實都在私下較勁，要孩子多多唸高分的章節小說，少碰繪本的好。

為了推廣閱讀，小熊的學校進行了一個很有創意的閱讀比賽，把每人的閱讀積分都貼在圖書館外的大灰牆上。

走進圖書館，灰牆上有太陽及其九大行星（後來改為只有八大），以太陽為出發點，孩子們各憑本事，往遠方行星飛去。讀得越多，飛得越遠。

這種閱讀計畫有一個防弊的設計。由美國知名的學者出版社（Scholastic）為眾多的兒童書建立龐大資料庫，想要做測驗的孩子就上網登錄，然後回答與書本相關的十個問題，答錯四題以上就無法過關，一週後才能對同樣的書再做一次測驗；而且題目會變化，與之前的測驗不同。孩子一定要了解書本內故事的真意，甚至記住細節，才能過關得分。

有一天，我經過圖書館時，忍不住細看了一下，牆上有許多護貝的小卡片，做成太空船、太空人或幽浮，上面寫著全校孩子的名字，用可再黏式的黏膠貼在各星球附近。有好多火箭都還在太陽附近打轉。如果要飛到水星（Mercury），需要閱讀二十五點。飛到金星（Venus）要集五十點，看來人數也不少。小熊此時有三十一點，還在努力飛往金星的路上。

繼續往牆的左端看去，飛到美麗的故鄉：地球（Earth），要七十五點，不過月亮上也停有一艘船，大概是嫦娥與玉兔的度假專機。

也有幾個孩子已經飛到火星（Mars），表示他們的閱讀基點突破一百點大關。牆面上有太空人在火星上漫步，一艘幽浮隨侍在旁。

繼續走下去，媽媽發現木星（Jupiter）需要一百五十點，也有五艘船到達了。兩百點的土星（Saturn），早也有人登陸成功；到天王星（Uranus）需要兩百五十點，想不到也有兩位探險家捷足先登了。

走到海王星（Neptune，六百點）和冥王星（Pluto，但目前已經被太陽系除名，需要七百點），終於沒有任何人跡船影，不過我好奇地繼續走下去，發現再下去就是一間廁所。原來閱讀的終點在洗手間？有趣。

小熊的好友崔特已經得到七十五點，往一百點的火星邁進。小熊學少林拳的班上同學凱西，已經有一百多點。有一天在圖書館巧遇凱西的媽媽，她告訴我，其實閱讀飛行的積點累積，是有策略的。

每個學校都有一整套列入閱讀計分的兒童讀物列表，這些書你可以在市立圖書館或學校圖書館找到，而每一本書都有一點至三點的不同分數。簡單的兒童繪本，通常只有一點，難一點的繪本則是兩點，

兒童的章節小說，就幾乎是三點以上。**她規定兒子只能唸章節小說**。

更厲害的是，凱西的媽媽乾脆印出整套學校書單，去圖書館先幫兒子借回這些高分的書，晚上由她唸給兒子聽（並非兒子自己讀）。第二天早上，兒子就可以一大早去班上的電腦做測驗得分。

反觀小熊，他都挑喜歡的繪本看，因為媽媽與小熊共讀時發現，他會花很多時間去研究書上的圖畫細節。媽媽雖然常去圖書館借書給他看，但從未針對學校的閱讀飛行去找書，而是憑母親的直覺去選書。

這麼有趣的閱讀計畫，仔細問後，我發現，眾媽媽其實都在私下較勁，要孩子多多唸高分的章節小說，少碰繪本的好。

熊媽也問過小熊，要不要試試章節小說。小熊的回答是：「可是，我喜歡看圖畫啊！」也對，媽媽其實也會借很多以圖畫為重的書回家，甚至只有圖畫說故事，完全沒有字的繪本，其實十分有趣。

難道圖形不是一種理解？一種閱讀？少了絢爛圖畫的童書，多麼枯燥無味。

所以**媽媽決定，讓小熊的閱讀，繼續自由探索、無策略的飛行下去。**

閱讀宇宙的浩瀚，不是能用文字去形容的，圖形也是一種有趣閱讀。至於在學校飛得太慢？就算了。**媽媽知道，少年其實是多方向去嘗試飛行的。**

誰說宇宙只有太陽系呢？

喜歡上學的一種理由

小小熊認定了，薩巴是他的好友，而來上學，就是訪問好友的時刻！

我真的必須說：小二的小熊哥好喜歡去上學！理由一是他可以跟爸爸一起騎腳踏車去學校；理由二更正當，他有一位親切和善的美女老師。

小小熊弟弟則是不太愛上學的，尤其去年剛開始上幼稚園小班（三歲，美國叫Preschool或Pre-K，K代表

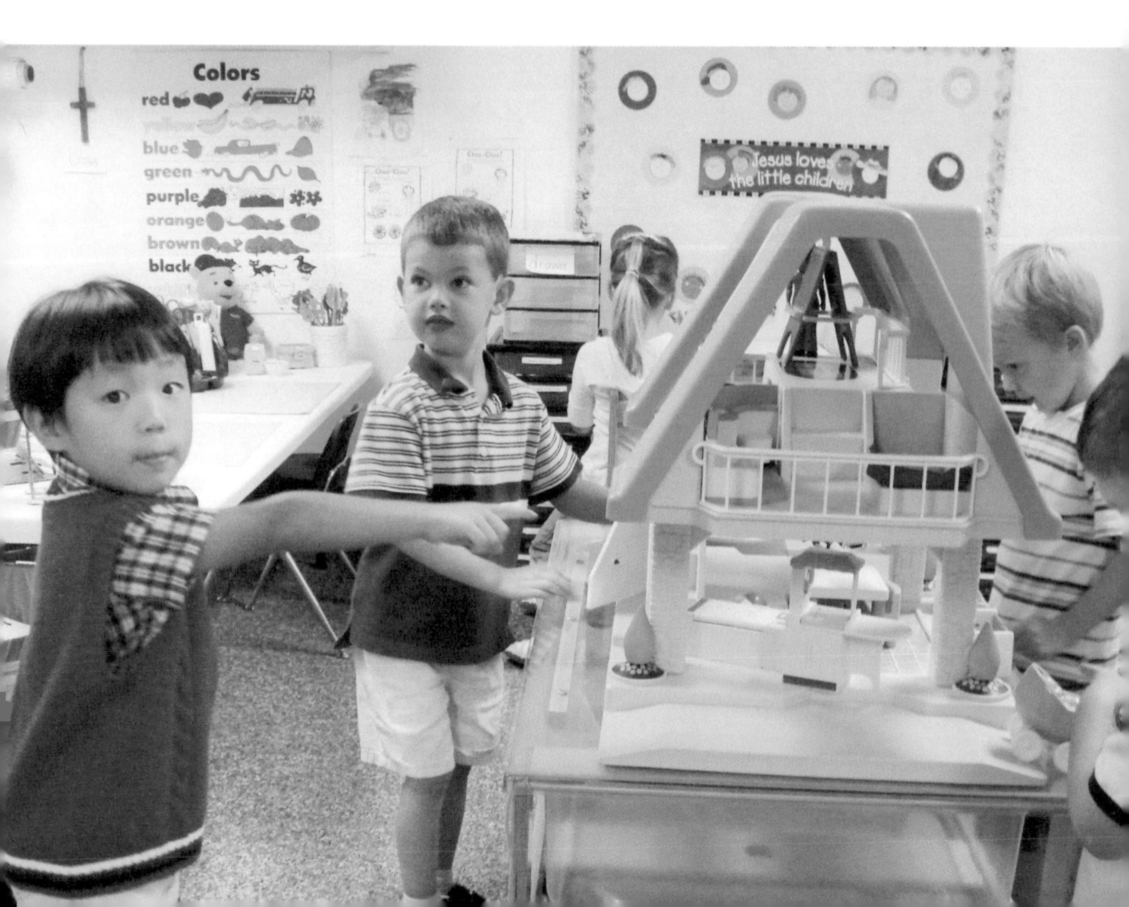

Kindergarten），課程其實很短，每週去學校兩次，每次只有三小時（上午九～十二點）。

以前天天黏著媽媽的他，常常帶著苦瓜臉到教室，不是抱著媽媽的大腿不放，就是來個十八相送的苦情劇。幾週後雖然有改善一些，但分別時仍總免不了來場嬌嗔與無賴的劇碼。放學回家的路上，還會像小媳婦一樣幽幽的說：「I miss you so much!」（我好想你喔！）

（媽媽心裡碎碎唸：我們才暫別三小時耶？）

Pre-K4（相當於台灣的幼稚園中班）終於要開學了。開學的第一天，小小熊可是起了個大早，迫不及待說要去學校。媽媽納悶的想，他真是長大了嗎？

其實這種心情的轉變，與一個小小的生物有關。

話說開學前一週，小小熊收到一個大信封，收件人是小小熊，裡面有新老師寄來的信，信紙底畫著一列漂亮的小火車。信封裡還附有一張硬紙卡，卡片上是一節綠色空空的車廂。

信上是這樣寫的：

「親愛的小小熊，四歲的上學火車要開了！老師很期待你來參觀我特別佈置好的教室！請在綠色火車卡上貼上你滿意的照片，同時告訴老師你最喜歡的顏色、最喜歡的食物、最喜歡的書。憑這張卡片，還可以到學校換火車點心和飲料喔！」

這張綠色火車卡片與邀請函實在太得到小小熊的歡心了！因為火車是他的最愛，綠色也是。從出生到四歲，從來沒有人這麼正式的寫這種信給他！而且還可以去學校吃火車點心？

美國幼稚園開學前還真有創意。小小熊迫不及待地與媽媽填好了火車卡，開開心心地要去參觀新教室。

新老師名叫葛萊許小姐，其實我們很早就認識她了，她就是小熊哥哥搬到萊城後的第一位幼稚園老師。有為有守，不會特意討好孩子，但是每個學生又很愛戴她，到現在小熊還是很懷念她。

她的教室助理H也還留任，所以她們看到小小熊時，滿臉親熱，因為當初用背巾抱在懷裡的小寶寶（小小熊當時一歲多），現在接著哥哥的腳步來上課了。

兩位老師看著小小熊驚訝的說：

「兩兄弟，真是有夠像！」

小小熊綠色的火車馬上被貼在牆上。他接下來東張西望，好奇的把玩新教室的物件。

重頭戲登場，助理老師H帶著小小熊認識她的寵物，大寄居蟹「薩巴」，芳齡三歲。

薩巴喜歡運動，除了住在大大的水族箱之外，老師還給牠一個鐵絲網的運動場，每天抓牠去運動健身一下。薩巴爬得又高又快，小小熊看得笑逐顏開，連嘴巴都合不攏了。

H小姐看小小熊興致高昂，乾脆要薩巴出籠，陪小小熊散步。只見牠在地毯上也是健步如飛（逃命嗎？也許吧！），小小熊則是開心地趴在地上追著跑。

一種不可思議的情懷悄悄誕生：小小熊認定了，薩巴是他的好友，而來上學，就是訪問好友的時刻！

回家後的小小熊，還是念念不忘好友薩巴，希望馬上回去看牠吃草、運動。終於等到正式上學日，小小熊的一天是這樣開始的：

開心的走到火車教室，把門口自己的名牌取下來，走到教室裡，把它貼到報到板上，然後找到自己的置物架，掛好書包。

接下來他馬上跑去問老師：「薩巴在哪裡？牠還好嗎？」

就這樣，不再有不捨的淚水與嬌嗔。媽媽悄悄的退出教室，看著幼子開心的展開新的學習旅程。

讓孩子愛上學校，果然是需要好理由的。美國幼教老師給我上了印象深刻的一課。

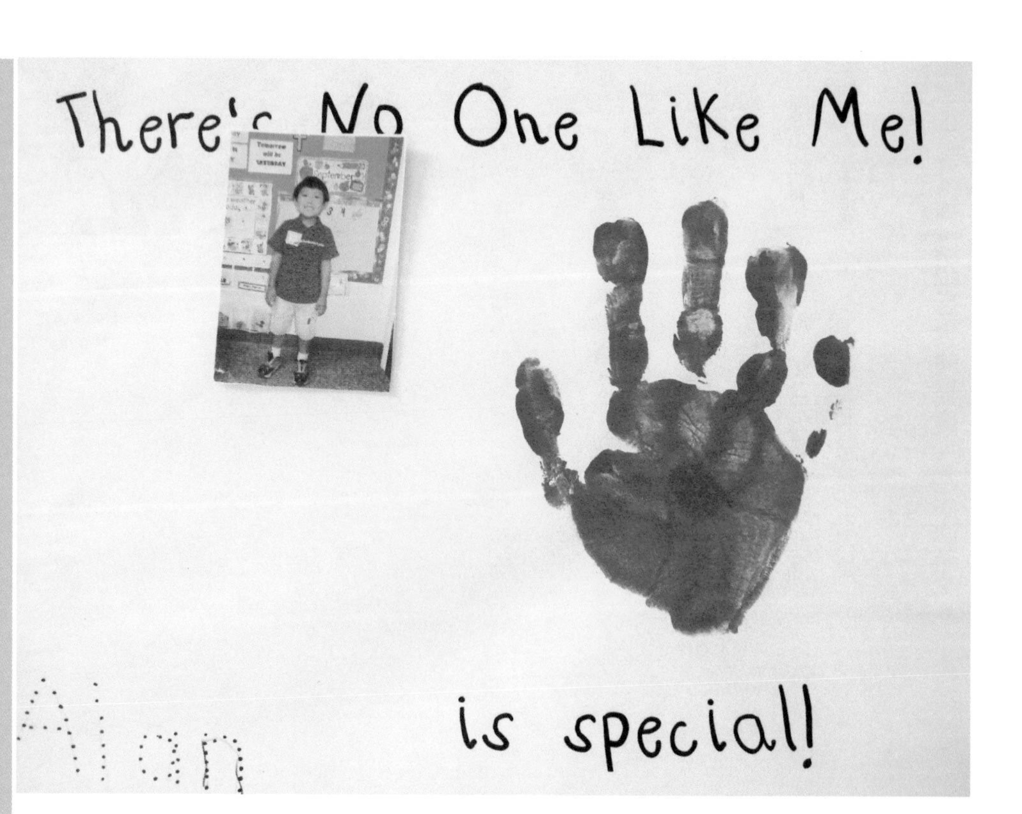

閱讀加速器，啟動

小熊前陣子都從基礎1～3級難度（自己閱讀）的書開始讀，若媽媽強逼他跳唸難度高的章節小說，有可能會弄壞他的胃口。

給他適時的鼓勵，當基礎打好，時機也成熟時，很自然就會搭上小說閱讀列車了！

開學兩三個月過去了，小一的小熊在學校的閱讀比賽（Reading Count）裡，還是處於慢飛的狀態。他的好友都已經一百多分了，他才三十幾分，不過從上週起有了大轉機。

上週起，他突然迷上了少年小說（Chapter book），到廢寢忘食的程度。吃飯時要看，睡覺前要看，就連陪媽媽參加全校家長會（PTA）時，也要帶去看。到底什麼書這麼有魔力？就是「**神奇樹屋系列小說**」（Magic Tree House）。

因為小熊的死黨崔特正在迷這套書，而且有兩位格友媽媽（分別住在香港及德州）都有提過這套書，所以我也有意無意告訴小熊：「有阿姨在網路上告訴我，這套書很好看喔！既然崔特也愛看，有機會你也去借借看吧？」

聽話的小熊，果然馬上去學校的圖書館借了系列的第四集《午後的海盜》來看，一看後大為驚豔，立刻克服了對大量文字的小說閱讀恐懼症，還要求媽媽去市立圖書館多借幾本。

媽媽打鐵趁熱，立即飛奔到圖書館去找，發現兒童書區竟有兩層書架都是專放神奇樹屋系列的書，看來這套書果然很重要。

正好上週學校舉辦「**睡衣家長會**」：邀請爸媽晚上七點後帶著孩子，穿著睡衣來學校開會。會議主題是「如何協助孩子做閱讀／數學的練習」，而本次的學校閱讀比賽，也在對家長的講解內容中。此外，學校還有提供**免費的睡前牛奶及燕麥餅乾**。真是有創意！

這麼好玩的家長會，我們當然報名參加！傍晚時分，媽媽帶著兩兄弟開心的出發，不過他們不願穿睡衣去，到了學校倒是看到好多孩子真的穿著睡袍，帶著枕邊好友泰迪熊一起出席，有的家長還戴著睡帽，感覺有趣極了！

電腦教室在今晚也開放，媽媽興奮地進去實地了解閱讀比賽是如何執行的。

首先，每個學生都有自己的帳號，登入專門網頁。測驗首頁是在學者出版社（Scholastic），學校要出錢向學者出版社購買每位學生的帳號及題目。書籍題庫十分龐大，需要許多更新及維護，所以可不是免費的測驗喔！

萊城的小學多半都加入此一活動。考試的題庫為選擇題，每本書要過關，必須在電腦上回答十個問題，答對七題以上才算過關，不論難易，繪本、小說都同樣。我看了一些題目，覺得並不容易亂猜。

小熊當場做了一次演練給我看。今晚他剛唸完神奇樹屋系列小說的Twister on Tuesday（中譯《星期二的龍捲風》），結果總共答對八題，闖關成功。

這套系統妙的是，還可以上網檢查自己的閱讀測驗紀錄，例如：哪一天做的測驗、書名、作者、測驗結果，是否過關？更厲害的是，**每本書的總單字量都清楚列出來給你參考**，例如神奇樹屋系列小說每本幾乎都有五千多個字，共十個章節，難怪讀完至少會有三點。

小熊以前都選單字量少的繪本，所以多半只能得一點，現在總算往每本三點邁進啦！

仔細看看，從八月開學以來，小熊竟然在整個九月繳白卷？三十天沒得一分？一直到十月上旬，媽媽去與老師座談後，他才開始沒有再繳白卷。

小熊告訴我，每天早上他都唸了很多書，不過沒分數是因為，忘了要去簽名排隊做測驗，或是根本忘了要做測驗這件事。原來慢飛是有理由的，書讀了，沒做工。走出電腦教室，一旁的教室也開放給孩子們喝牛奶、吃點心。陪哥哥讀書的小小熊弟弟，開心的吃吃喝喝起來，哥哥則是繼續找書來讀。

媽媽也去看了列入閱讀比賽的書籍狀況，赫然發現：有好多書小熊其實都唸過了，因為媽媽很早以前就有借過給他看。

熊家的借書量不小，通常在五天內有一百多本書，與圖書館流通！但是小熊不懂去相關題庫直接做測驗，果然是個無策略少年在飛行啊！

這次的閱讀經驗，媽媽學會了一些教訓。

1. 家長還是要勤與老師溝通，了解孩子目前的學習狀況。

如果我多跑幾次學校，多了解一下目前的活動，可能小熊九月就不會繳白卷了。

2.閱讀是漸進式的，不要強逼，時機成熟，自然水到渠成。

小熊前陣子都從基礎1～3級難度（自己閱讀）的書開始讀，若媽媽強逼他跳唸難度高的章節小說，有可能會弄壞他的胃口。給他適時的鼓勵，當基礎打好，時機也成熟時，很自然就會搭上小說閱讀列車了！

3.孩子的閱讀習慣，爸媽還是要一同了解，並適時給予「策略建議」。

現在小熊每天可以唸完一本神奇樹屋的小說。本週放感恩節長假前，他已經飛到六十五分！放假時他也答應媽媽，要每天繼續這樣讀下去。

媽媽與他有個小約定：當小熊飛到紅色的火星（一百分）時，他就可以去崔特家合宿（Sleep over），崔特的母親已經邀請過小熊好幾次了！

在六歲一個月時，我家的慢飛熊終於進入閱讀小說的階段了。有了新的閱讀加速器，希望小熊繼續穩健而大膽的，向閱讀之海加速飛行下去！

柔軟萬聖：養老院裡的南瓜歌

在美國的這段日子，我發現學校教育對社會參與的積極性。學校在一些小事情上，讓孩子們學到對社會的責任與義務。

記得有些格友提過：即使住在美國，她不喜歡，也從不慶祝西洋萬聖節（Halloween），因為裡面有太多裝神弄鬼的玩意；還有，孩子挨家挨戶Trick or treat，結果就是拿太多糖果，不是件好事。

這些都沒錯，我在萊城也有位好友，從不帶女兒去要糖，也不打扮成妖魔鬼怪（公主裝倒還是有的）。而美國中西部的教會興盛，大小教會林立，但從不慶祝萬聖節，而是以秋收節（Fall Festival）代替。子不語：怪、力、亂、神，在西方教會裡好像也是。

不過昨天我從小小熊的學校那裡，體驗到新的萬聖節意義。

昨天是小小熊第二次的幼稚園校外教學（Field trip），第一次是去參觀美國的消防隊，小小熊看到真正的打火英雄，好不開心！媽媽也學了很多關於救火的常識。這一次我也開車跟著去，想說可以學些新的東西，結果開著開著，眼見進了一家小小的養老院？

大家都說：**美國是小孩子的天堂，青年人的戰場，老年人的墳墓。**因為美國沒有三代同堂的習慣，美國人老了，多半是去住安養院或獨居。

其實**在美國這幾年來，我遇過很多好人。願意分享愛與關懷給我們的人，其中多數是老人**，他們有時間、沒子女，很多人都去教會當義工，幫助少數族裔或社會的弱勢團體。美國的老人，給在異鄉的我們很多溫暖的友情。

可是我們去的養老院，住的是那種已經快不能行動的老人。老實說，孩子們進去後，看到這些雞皮鶴髮，站都站不穩的老人們，其實有點害怕與陌生。

孩子們怕老人，老人們卻愛看孩子。小小熊的老師們事先就要求孩子們打扮好，穿上各種萬聖節的可愛造型服飾……果然這策略是對的，當孩子們慢慢地魚貫入場時，老人們的眼睛開始發光，讚嘆聲此起彼落，感覺好特別！就像一陣春風伴著陽光，吹進老人院暮氣沉沉的大廳裡。

小小熊被打扮成小印地安酋長，其實他心裡老大不高興，因為許多別的男生被扮成英雄類人物，像是蝙蝠俠、蜘蛛人、消防隊員等，為何自己卻沒有披風？還要穿著土土的鹿皮衣？他嘟著嘴，不開心了好久。

媽媽趕緊告訴他：「印地安的酋長是很重要的領導人物，也是一種英雄！」這位小小印地安人才開心一些。

小小熊的老師帶著大家開始表演。孩子們唱了南瓜的歌，也有些可愛的口語唸謠，像是：「萬聖節又來了，誰該快快開溜？南瓜們大搬家，火雞們開始遷徙了！……快跑、快跑，趕快跑！再不跑走就被麵糰包住，南瓜派及火雞大餐就是我！」

我家四歲的小小熊其實不太敬業，他動來動去，好像恍神酋長一樣，不過由於是現場唯一的亞洲孩子，還是有老人拍拍我的肩膀，和善的說：「你的女兒真是可愛，好俏皮的印地安人啊！」

媽媽臉上卻浮現三條線。看樣子兒

子頭髮太長，該剪剪了。

表演完畢，最讓我驚訝的出現了：老師準備好一包包精美的點心糖果，要孩子們拿給老公公老奶奶們。萬聖節其實是大人給小孩糖果的日子，我看到這些老人卻從小小孩手上接過糖果，臉上表情是複雜的。

當年的他們，曾為多少素不相識、敲門討糖的孩子，發過無數的糖果？如今他們老了，換一群素未謀面的孩子們，拿糖給他們吃。

老人們手裡摸著那一大包糖，有人笑了，有人面露感懷，那些與這些、施與受交替的日子。**人生，總是溫暖與滑稽，錯雜輪迴吧？**

最近，小熊的學校也在募集食物，要轉給弱勢團體過冬之用。在美國的這段日子，我發現學校教育對社會參與的積極性。學校在一些小事情上，讓孩子們學到對社會的責任與義務。從四歲就開始要慢慢了解：**自己的手掌要樂於向下付出，而不是只會向上乞求**。還有，如果能帶給寂寞的老人們一些歡樂，也是一種很棒的付出，而那些努力發糖的屋主們，不也是另一種付出，為孩子們帶來歡樂嗎？

這是我待在美國快六年，對萬聖節另一層柔軟的體認：**萬聖節除了打扮與討糖之外，更是另一種付出的日子**。

衷心希望，兒子們若將來回台灣受教育，除了安親班以外，也能有類似的社會學習。

來自亞洲的空籃子

牆壁上貼著他們最近的著色熱氣球和每人的作文。題目是〈The City〉。
媽媽真是很驚訝，原來小熊會用英文寫作文了。

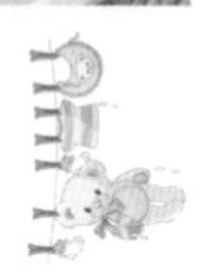

就在小熊六歲生日派對前一天，小熊學校的Open House Day及秋收節又來了。去年我們參觀了Kindergarten教室及上課成果，今年當然要來看看，一年級的美國小學生，到底在學校做些什麼呢？

今年我們提早到達，是第一批到教室參觀的人。小熊的一年級老師，康納莉小姐在教室門口，露出親切的笑容歡迎我們。她同時用雙手用力抱了小熊與小小熊兄弟一下，然後要小熊帶我去參觀教室。

小熊拉著我，走到他的座位前，桌上放了一封他用鉛筆寫給我的英文信，上面是這樣寫的：

「媽媽，我很開心你來看我的學校，希望你喜歡我的教室與作品。我最想讓你看的是：學數學的蒙特梭利教具區。」

於是媽媽開心的走到數學教具區，咦……真是看不懂這些教具的用途？有許多木片、棋盤與方塊。其實這所公立小學有所謂的「蒙特梭利實驗班」，從Kindergarten開始到小二，各有一個班級由受過蒙特梭利訓練的老師執教。康納莉小姐就是一年級的蒙特梭利導師，而小熊似乎很喜歡這種教學法。

隔行如隔山，媽媽有點尷尬的想，小熊大概是遺傳到爸爸的數學基因，而不是我的吧？數學教具有這麼好玩嗎？我離小學太遠，無法理解。不過，很高興小熊很喜歡學數學。

然後我們走到小熊的好友崔特的桌上，發現他寫的是：

「爸爸媽媽，我很期待你們來，我很愛上學！還有告訴你們一件讓我好開心的事：就是小熊邀請我去參加他的生日派對！」

媽媽看到小熊臉上流露出靦腆又開心的笑容，很慶幸明天的生日派對，有這麼一個可愛的男孩也在期待著。

我們也去參觀了語言教具區，那裡有許多資料櫃，分別有不同的小格子，裡面裝了很多單字卡。小熊向我說明，如何從每一個格子裡，自己去學會拼不同的相關單字。難

怪最近他的識字率加強不少，蒙特梭利的教學還是有獨特的地方吧？

牆壁上貼著他們最近的著色熱氣球和每人的作文。題目是〈The City〉。媽媽真是很驚訝，原來小熊會用英文寫作文了。

小熊作文的內容，雖很簡單，但是有種童稚單純的快樂，形容一個氣球的心聲：

The City（城市）

As I flew over a city,（當我飄浮過城市的上空）

I could see pool and cars,（我可以看到湖泊與車陣）

I felt happy and well.（我感到愉悅自在）

I could hear water and cars,（我可以聽見那水聲與車鳴）

I could smell smoke.（也有聞到煙的味道）

小熊走到另一面海報牆，牆上貼著一些孩子做的小海報。他告訴我：最近在自然科學課裡學到食物鍊的概念，還有植物發芽原理，及認識種子構造（我小一有學到這些嗎？汗顏中……）

最後我們走到社會科學區，老師在桌子上放了好多可愛的竹籃子，裡面放著世界各洲來的東西：有美洲、非洲、歐洲、亞洲、大洋洲等。歐洲的籃子裡，放了很多各國錢幣，及歐洲的紀念品，如荷蘭的木屐鞋、瑞士的牛鈴。美洲也有不少東西，如墨西哥的編織品與錢幣等。老師說，這些都是以前學生家長給的紀念品。

然後，我們就看到了一個**來自亞洲的空籃子，裡面只有一把破舊的筷子、一條褪色的小小手帕，以及一本關於中國的小書**。

老師看我拿著筷子在發呆，有點不好意思的說，那是她去吃中式自助餐拿來的舊筷子，那本書也是她自己去買來的。她沒有什麼亞洲學生，所以留下的紀念品也不多。

難怪此地人對我們常好奇的盯著看。萊城居民以白人居多，但是亞洲，不該只有筷子與手帕吧？

媽媽當場決定：找些東西，來充實老師的亞洲籃子。

回家後東翻西找，汗顏的發現：來美國五年，很多帶來的紀念品都已經送人了。只勉強找到一些可以給小朋友看的東西。

來自台灣、有郵戳的郵票（從熊外公寄來的信封剪下來的）、「綺麗台灣」風景明信片一套、中國結一個、台灣的一元及十元

銅板數枚、紅包袋、檀香一袋、美麗的筷子一把，還有一張很大很大的台灣地圖，及一本來自台灣的故事書。

我們馬上拿回去給老師，老師又驚又喜，笑逐顏開的說：

「這真是太棒了！你覺得下次上課前，小熊可以向大家解釋台灣地圖，讓他們知道台灣在哪裡，好嗎？」

小熊很驕傲的點點頭。

媽媽也很開心，至少小熊的同學們會知道一些台灣的事。長大後，當他們再聽到有人說「我來自Taiwan」這句話時，不會接著說：「喔……THAI～LAND？我知道，你們的菜很辣喔！」

以上狀況，熊媽在美國已經遇過無數次了！希望會因我們的小小努力能有所改進。

Part 2. 我的熱血棒球

孩子學打球有用嗎？

孩子學打球有用嗎？在球場中，守好教練規定的位置，學習對自己負責、練習如何合群、養成遵守比賽規則的守法精神、培育勝不驕，敗不餒的運動家精神。

球類競賽，也許不像珠算、心算，能讓孩子在成績上加分，但是對孩子在人生態度上的教養，相信是有用的。

先生家的人打電話來問小熊狀況如何。熊爸說：「很好啊！都在騎車、打球，玩得很開心！」

「什麼？堂哥（熊爸雙胞胎哥哥的兒子，年紀只大小熊三個月）都在學珠算、心算了，珠算初級也過了！**孩子怎麼不學點正經的、有用的東西呢？**」

可是在這裡的小孩，好像沒有人在春天裡補珠算、心算，都在開始練球了！足球、棒球、網球，只要是能在戶外跑跑跳跳的，都可以看到小男孩或小女孩們活躍的身影。

小熊也不置身事外，從四歲起，愛棒球的爸爸就讓他加入了此地社區的幼幼棒球隊（美國稱為T-Ball，招收四歲至六歲的小孩）。

說實話，四歲打棒球不太容易進入狀況。規則搞不太懂、體力與臂力也不行。小熊四歲時跑得很慢，打擊帽還會遮住他一半的臉，當然也接不住球。即使接住也傳不遠……所以都被排在外野閒晃，無聊就看飛機、玩沙子。

球隊的主力，多半是五歲及六歲的孩子，他們都被排在內野。雖然後來小熊因為接球有進步，有幾次終於進入內野，但是跑壘腳短，姿勢超逗趣，很像白雪公主裡的七矮人打棒球？媽媽看了實在忍不住偷笑起來。

話雖如此，第一年的比賽，由於隊上有好幾個六歲大哥哥打得很好，全隊戰績不錯，竟然得了分組亞軍。所以小熊四歲就有了第一個運動獎盃，爸媽感覺得來有點僥倖，但對小熊是很大的鼓勵。

小熊五歲的春天，當他聽說又可以開始練棒球時，開心得一直跳啊跳，直說等不及了。不知道這個球季，小熊的表現會有什麼不同呢？

五歲練球的第一天，萬里無雲。我們到萊城南區球場時，只見八個球場都站滿練球的孩子。很多人全家出動，扶老攜幼的帶孩子來參加練球。

見到這種盛況，才真正體驗到：**美國，不愧是棒球王國！**只見爸爸媽媽牽著孩子到球場的慎重神情，滿臉期待，就像我們台灣高中聯考時的陪考父母。誰說讓孩子打球不是正經的事呢？對美國的父母而言，打棒球可是再正經不過的事了。

美國小孩打棒球多麼正經？由球隊名稱就可看出來。每個孩子都有正式職棒授權的球衣，分隊也是依據職棒的隊名，如洋基隊、道奇隊、紅襪隊……孩子穿上正式球衣，感覺自己多神氣、多不一樣！這也許是孩子們愛打棒球的另一個原因吧。

小熊四歲時被編入Rangers（德州遊騎兵隊），五歲繼續留在這一隊。以前的志工副教練史提夫，今年升為小熊球隊的總教練，他的兩個孩子都在遊騎兵隊中。

史提夫是一位成功的律師，做事井然有序，一到球場，馬上指派各助理教練們（孩子的義工爸爸們）分三區練球。訓練方式分別是：

1. **跑壘練習**：從本壘聽指示跑向各壘包，調整孩子的姿勢與速度。

2. **打擊練習**：對網揮棒，練習準度與力道。

3. **接球練習**：經驗淺的孩子在外野從基礎開始練接球，有經驗的孩子在內野正式練各壘接球。

差一歲，果然差很多！小熊四歲時穿遊騎兵隊的球衣，就像一個大布袋掛在身上一樣。今年的小熊如同小樹一樣，抽高許多，衣服帽子都正好合身了！去年的跑步姿勢歪歪斜斜，好似太空漫步，今年跑起來則是有模有樣、穩健而姿勢正確。我們沒特別教他，可見這是生理自然成長的結果。

揮起球棒更是有勁，虎虎生風，完全不像四歲時重心抓不穩的樣子。想起一句在小熊學校花園看到的石刻雋語：「**孩子就像花一樣，給他時間，給他足夠的養分與關愛，自然而然就會開花！**」

看到一旁的小小熊，也抓起球來與其他小小孩練球，一臉I am ready的樣子！我望著場中練球的小小身影，心中充滿期待，希望孩子快快茁壯、早日開花。

仔細想想：孩子學打球有用嗎？在球場中，守好教練規定的位置，學習對自己負責、練習如何合群、養成遵守比賽規則的守法精神、培育勝不驕，敗不餒的運動家精神。

球類競賽，也許不像珠算、心算，能讓孩子在成績上加分，但是對孩子在人生態度上的教養，相信是有用的。

加油吧，明日的棒球少年！

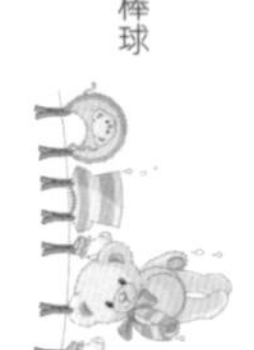

小熊的漫長等待：公平與忍耐

現實的狀況是：教練偏袒自己的兒子，熊媽又不太會打球，但總要很阿Q的去想：只要付出更多的時間，練習練習再練習，相信總有一天，小熊會等到機會吧！

還好，不論自己站的位置多不重要，等待多久，小熊還是每場比賽都面露笑容，永遠開開心心的打球！

一直以為美國是個公平競爭的社會，最近發現，其實，沒想像中那麼容易。

小熊五歲的少年棒球正式開打了，小熊所屬的德州遊騎兵隊，連續對戰了去年的總冠軍國家隊（National）、海盜隊（Pirates）、天使隊（Angels），三場比賽都打了勝仗。心裡本應高興，不過**正如熊爸所預料的：小熊一直都沒有機會進入內野，還在外野等待中。**

助理教練維許的兒子，也是五歲的亞當，不論接球失誤多少次，永遠站在三壘守備，小熊沒有機會碰三壘板一次。

小熊其實與亞當實力應該相差不多，熊媽很認真的觀察：亞當的確有經過訓練，他打擊很有力，在小熊之上，但是守備能力並沒有超過小熊。原因如下：

1.接球能力不太穩定，臨場常漏接。小熊的穩定性比他高很多。**（熊媽常與小熊練習接球，看得出來。）**

2.接球後常不敢傳球：五歲孩子的控球力其實不穩是正常的，因為已經開始用硬球，球重而臂力不夠。不過臂力不夠就算了，更常見的是：亞當不知道該傳到哪裡。有時跑者就在往三壘的方向，但他卻選擇傳到二壘；有時跑者就在不遠的二壘，他卻跑回去踩三壘壘包，判斷力不足，所以失誤連連。

會發生以上現象，主要是因為亞當是第一年打棒球，臨場經驗不夠吧？

小熊去年已經頂著烈日與風雨，打過二十至三十場的正式比賽，練習不計其數。熊媽有信心，小熊去接三壘的話，會更了解狀況，把球傳向該傳的地方。

但是小熊連一次機會都沒有……他一直在外野等待，而不論亞當失誤幾次，他永遠穩站三壘！練習時如此，比賽時也是如此。

「這樣公平嗎？」熊媽越看越疑惑。「請給小熊一次機會啊！」

熊媽曾想去禮貌的詢問教練，可否讓小熊也試試看守三壘？因為其他壘的守備者，都是六歲孩子的天下，沒想到這想法被熊爸知道後，馬上被嚴厲制止了！

熊爸說，教練的兒子，本來就有特權先守好的壘包（指內野的壘包），這是不成文的規定。維許雖不是明文規定的正式教練，但他算是助理教練。

熊爸一再強調，**這就是現實，而現實的世界永遠是不公平的**！即使在美國，也是如此，所以我們千萬不能去干涉教練們的決定，這是違背球隊倫理的。

這現實聽起來，多讓人傷心啊！雖然心裡還有很多疑問。不過想到一句話：「不患人之不己知，患其不能也。」媽媽決定，還是好好自己訓練孩子吧。

現實的狀況是：教練偏袒自己的兒子，熊媽又不太會打球，但總要很阿Q的去想：只要付出更多的時間，練習練習再練習，相信總有一天，小熊會等到機會吧！

還好，不論自己站的位置多不重要，等待多久，小熊還是每場比賽都面露笑容，永遠開開心心的打球！

加油！小熊，不論現實多麼讓人失望，期待你發光發熱的那一天。在那之前，媽媽和你一起為那一刻做準備。

父親過高的期待

「每個父親，都恨不得兒子是世界上最棒的！我以前也是幼教老師退休，所以知道問題的所在是：五歲的體能和六歲的體能，事實上是有一個大差距！小孩子雖然只差一歲，穩定性與體力就差別很多！

「你們不是希望孩子在體育中得到樂趣嗎？只要他開心打球就好。給他時間，讓他長大，明年他一定會不一樣的！」

五歲的棒球季開始沒多久，熊媽與熊爸對小熊的觀感，竟然出現羅生門現象。

話說熊媽每天很努力的陪小熊打棒球，也覺得他比四歲時成熟許多，但是有一天換熊爸

陪小熊去球隊練完球回來後，只見他生氣的對小熊說：

「再這樣下去，你不要打球了！」

小熊眼眶紅紅的，好像很委屈的樣子。

「別人都進內野了，你還在球場一直玩？正式比賽一定還是只有守外野的分！」

熊媽覺得，五歲的小熊，已經比四歲的他好多了。四歲時在球場都是一直玩沙子、站在外野自己跳舞、看天上的飛機、拔草拔小花，但五歲的他，注意力集中多了。三腳貓教練（熊媽）有仔細觀察過，這些分心的舉動，小熊已經減少很多。

不過熊爸可不這麼認為。

原來，六歲的孩子還是不一樣，他們打得好，接球更棒！內野守備是少年棒球的核心所在，算算需要一壘手、二壘手、三壘手、游擊手、投手，一共需要五人，而小熊現在隊上六歲孩子就有四人。

不過小熊是去年四歲孩子中，表現最穩定的，熊爸原以為小熊可以正式進入內野守備了。沒想到殺出一位程咬金：新來的五歲孩子，亞當。

亞當的皮膚黝黑，身高很高，看起來像六歲或七歲。爸爸維許是印度人，媽媽是白人。維許大概有兩百公分高，一看就知道是棒球迷。維許來當助理教練的第一天，馬上自行指揮大局，無視於副教練克利斯的存在。他老神在在的接手很多訓練課程，當然，受惠最多的，就是自己的兒子亞當。許多好球都餵給他接，好的守備位置也指定給亞當。

其實美國的少年棒球，所有的教練們都是隊上孩子的父親自願參加的，原因是可以多多照顧自己的兒子。熊爸雖然也很喜歡棒球，可是個性內向、工作又忙，無法參與教練工作。

越努力的教練，兒子站的位置越好。雖然亞當才第一年打棒球，小熊已經第二年了，但是這次練習時，熊爸看看維許的態度，又看看亞當的表現，馬上就推敲出來：亞當是唯一會被選上到內野的五歲孩子！因為小熊練習時，還是一貫嘻嘻哈哈的態度，並無旺盛的企圖心，還是一個會閃神的孩子。

熊爸很生氣，恨鐵不成鋼，當天練完球就好好教訓了他一頓。回家還告訴媽媽：小熊打球不好、接球不穩、跑步又慢。跟那些六歲的孩子不能比，他覺得小熊不成材！

媽媽很困惑，才剛覺得小熊比去年進步很多，怎麼爸爸與媽媽對孩子的觀點差這麼多？只好去請教小熊在國際婦女會的老師：瑪莉小姐。

瑪莉小姐很有耐心的聽完我說的話，她露出理解的笑容，眼中閃著智慧說：

「**每個父親，都恨不得兒子是世界上最棒的**！我以前也是幼教老師退休，所以知道問題的所在是：五

歲的體能和六歲的體能，事實上是有一個大差距！小孩子雖然只差一歲，穩定性與體力就差別很多！

「你們不是希望孩子在體育中得到樂趣嗎？只要他開心打球就好。給他時間，讓他長大，明年他一定會不一樣的！」

是的，媽媽相信小熊雖愛玩，但是應該不是塊朽木。希望愛子心切的熊爸能不要著急，讓孩子慢慢來。媽媽對小熊有信心，爸爸也該相信自己的孩子！

後院的苦練……機會來臨

媽媽想了一下，說：「小熊，那你教媽媽揮棒好了！媽媽跟你一起練。」

小熊眼睛一亮，認真起來，他仔細講解教練指導他如何揮棒的技巧，跟媽媽一起數揮棒次數：「五十三……五十四……五十五……」

小熊雖然才五歲，但是也開始了解練習對他的意義。

自從上次熊爸對他發脾氣後，媽媽與小熊談了很久。**小熊說，他要多多練球，因為他有個夢想，就是站到投手板的一天**。

小熊每天兩點半放學後，洗洗手吃吃點心，就跟著媽媽到後院練習揮棒。每天一百下，他自己數，然後媽媽投球讓他接。頭幾天很來勁，但畢竟是才五歲的孩子，三天後就喊手痛、好累、不想練了。

媽媽想了一下，說：「小熊，那你教媽媽揮棒好了！媽媽跟你一起練。」

小熊眼睛一亮，認真起來，他仔細講解教練指導他如何揮棒的技巧，跟媽媽一起數揮棒次數：「五十三……五十四……五十五……」

當媽媽姿勢不正確時，還會停下來很專心的指導媽媽。（本來我是教練耶？運動神經不好的熊媽，變成兒子當教練？好複雜又開心的心情啊！還是要說：「小熊，愛你喔！」）

小熊的控球力不太穩，因為傳球不準確，常會暴投，相較之下六歲的孩子好多了！但是媽媽又不太會接球，所以**我們想出一套土法煉鋼的控球訓練**：在車庫上畫上紅藍粉筆的目標區，讓小熊對著圓圓的目標，練習投到中心去！這是媽媽以前看少年棒球漫畫《鄰家女孩》，從作者安達充那裡學來的。原來看漫畫對育兒也有用，熊媽現在才了解。

小熊一開始不太容易投中，但是慢慢練習，果然有些進步。

控球練習之後，就是在車道上，跟媽媽練習接滾地球、彈跳球。由媽媽投球，順便教小熊用正字記號來記錄他接到幾球，小熊試著自己寫出一個個的正字（在美國沒學過這個中文字），每接到一球時，他就跑去開心的畫出一道粉筆線。

這樣苦練，週一的球隊練習，竟然有意外的成果。

那天小熊的教練們發現小熊打擊很有力，接球也滿準的。總教練史提夫稱讚了小熊一下，要小熊去守內野游擊（二～三壘之間的守備位置）。

其實週一傍晚五點練球前，小熊與媽媽先去游泳池游泳了好久，到了球場又超級熱，小熊已經出現疲態，他接球時常低頭看地面，一臉疲憊的樣子。

另一位助理教練維許（亞當的爸爸）很不開心，對小熊一直喊：「Pay attention! Pay attention!」（注意點！專心點！）

可是說也奇怪，小熊還是接得比三壘的亞當好。副教練克利斯那天一直站在小熊後面認真指導，後來還要亞當與小熊一同站在游擊區練接球。小熊雖很累，但還是接到不少；反倒是亞當接不太到球。

維許後來做出很有趣的表現：打給小熊的球都很強勁難接，打給自己兒子的球都是輕輕的滾地球？連熊媽這外行人都看出來：差別待遇。

維許想要讓自己的兒子亞當出頭，故意用各種方法讓小熊出醜。說真的，感覺很不好。因為孩子們都認真在練球，反倒是大人（還是教練）使出許多小動作，居心太明顯了！熊媽有時遺憾為何熊爸工作太忙，不然孩子也不會被不平等對待了。

但是，後來小熊反而去幫亞當接他漏接的球。

練習結束，真相大白。教練團宣布：週三對決巨人隊時，總教練史提夫要去紐約開會，維許和亞當全家要去佛羅里達度假一週，所以當天將由副教練克利斯掌控大局。克利斯已經準備讓小熊正式進內野守備，這場比賽他負責，不能輸。

小熊，就是週三下午，你進內野一展身手的機會來臨了……你準備好了嗎？

小熊的祕密武器，與難得的一課

小熊，你有兩樣祕密武器：苦練，及愛的鼓勵。有了喜愛之人的善意鼓勵，不是讓你那天在球場上更認真投入嗎？

說到苦練，其實媽媽也可以讓你沒有任何壓力打球下去，但是，你不是說：「希望有天能站上投手板」嗎？不要以願望代替實際作為。你有苦練，才有現在的回報。

小熊出戰巨人隊那一天，天空下起雷雨。媽媽去接小熊放學時大雨滂沱，暗暗心想：今天可能不能比賽了。

媽媽有點遺憾的對小熊說：「知道嗎？如果不下雨，今天的比賽有人要來幫你加油喔！」

每次比賽，美國小朋友常常有叔叔阿姨爺爺奶奶親朋好友等來助陣，好不熱鬧。而我們人在異鄉，**小熊的啦啦隊永遠只是那固定班底：媽媽及弟弟兩人**。爸爸上班忙，時常不能來。幫小熊加油的聲音，總是少了一些，有點寂寞。

為了給小熊打氣，媽媽寫信給一些在萊城的華人朋友，順便把小熊五至六月的比賽表附上，**希望他們有空來看小熊打球，幫小熊加油。**

信一出，有感人的回應：很疼小熊的史黛西阿姨要在回台灣前趕來看小熊；小熊一年不見的暑假朋友：美國出生回台灣定居的瑋瑋及他的婆婆也要來，來自台灣做進修一年的葉叔叔一家，也說要找機會來看。

當小熊聽說有人要來看他打球，他的臉都亮了起來！那天回家雖然外面是大雨，小熊依然在家裡練揮棒及接球，沒有停下來。

媽媽要他跟上天禱告，希望在比賽前，雨能夠停下來。小熊卻懊惱的說：「媽媽，我要你幫我來禱告……因為我太小了，天父會聽不到我的聲音。」

禱告完畢，就在比賽前一小時，雨停了，天空恢復明亮。球隊來電話通知：比賽如期進行！小熊將第一次正式進入內野守備。

那天下午，我們到了球場，驚訝的發現小熊有好多啦啦隊：從台北飛來美國度暑假的瑋瑋一家六人，包括外婆、媽媽、弟弟及阿姨和小寶寶；史黛西阿姨及她的先生安迪叔叔也都來了。

小熊看到這麼多人來？真不敢相信他的眼睛。他本來就話不多，所以沒用言語表示

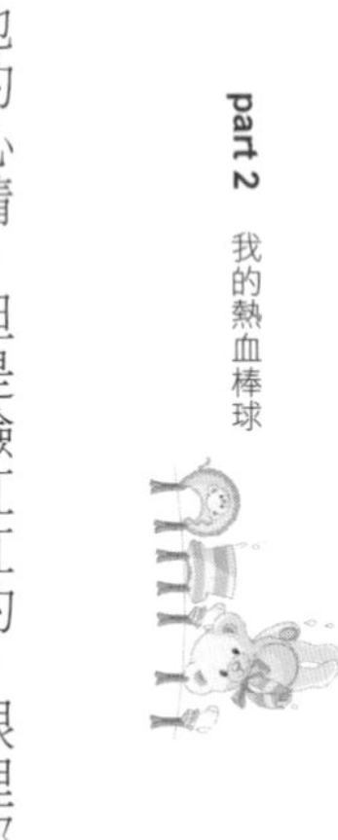

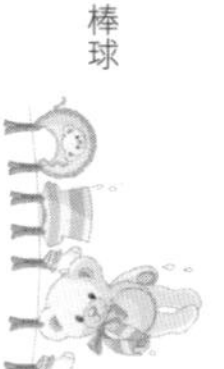

他的心情，但是臉紅紅的，眼裡都是開心。他在休息區一直向大家揮手。

那天的比賽，小熊在內野守游擊位置，他小心翼翼觀察情勢，一改以往嘻哈輕鬆的態度，正確的接球傳球。第一次的內野表現，沒有漏接責任區內任一球。

更難得的是，由於教練兩人缺席，嘴上嚴厲但心中很關心小熊的熊爸，百忙中也來到球場，幫忙指導內野打擊。

比賽結果是，小熊所屬的遊騎兵隊大勝巨人隊！比賽後，小熊開心的與朋友及叔叔阿姨合影。

小熊，你要媽媽幫忙祈求雨停，我想在天上的主有聽到了。記得秋收節那一天，媽媽為你唸了一篇祈禱文，你覺得，主有聽到媽媽的禱告嗎？

小熊，你有兩樣祕密武器：苦練，及愛的鼓勵。有了喜愛之人的善意鼓勵，不是讓你那天在球場上更認真投入嗎？這麼多人對你的關心與愛護，要心存感謝，銘記在心。

說到苦練，其實媽媽也可以讓你沒有任何壓力，嘻嘻哈哈的隨便打球下去，但是，你不是說「希望有天能站上投手板」嗎？不要以願望代替實際作為。你有苦練，才有現在的回報。

安逸舒適的道路，不能成為邁向成功的正途。媽媽也可以與你三天打魚，兩天曬網。有些人勸我，孩子打球，又不是要進職棒，何必認真？開開心心就好。但是如果媽媽讓你從小養成這種態度，是不是將來注定混水摸魚一生呢？

既然愛打球，就要認真地全力以赴。打球是可以快樂，但要在成就感裡找到自我肯定的快樂！

你已經嘻嘻哈哈很久了，這一天，你總算了解到：「**認真面對比賽的態度，才是進步的關鍵！**」好的表現，及別人的信賴與肯定，都由此而來。今天這一課，意義非凡。

記得比賽後，爸爸提醒你，不用高興，等維許一家人回來，你又要回外野去了。但是，曾經發光過，對自己不是更有信心嗎？

回外野也好，媽媽會繼續與你練習下去，相信總有一天，能量夠了，你會再度發光的。在那之前，你要有恆心，時時記住別人的善意，砥礪自己要堅持下去。

流淚播種者，必歡呼收割。

客人說要哪一種糖時，熊媽常常張大嘴巴，面露癡呆狀，更何況還有各種價錢要對照，還有燙燙的漢堡、熱狗、爆米花要捧，飲料與薯片的種類也超多。沒有職前訓練、沒有刷條碼的機器，竟然也沒有收銀機？

熊媽球場賣糖記

美國真是個愛募款的地方，小學如此，少年棒球隊也是。就在南區少棒聯盟的主場旁，有個小小的糖果飲料店，熊媽這一生在這裡賣了第一次……糖！

小熊打球，爸媽付出不少，除了出學費，還常常要出勞力，像我們在球季一開始就被告知，每位球員家長都要去糖果亭義務賣糖賣汽水。你也可以花錢，球隊幫你雇工讀生來賣糖果。

熊爸聽說家長要義務去賣糖果，連忙露出準備落跑的笑臉說：「你去賣吧，我不會賣東西，我帶孩子！」奸詐的熊爸，還以前說當過推銷員？熊媽只好硬著頭皮去賣糖了。

這小小的球場糖果飲料亭，裡面全是小孩的最愛，媽媽的最惡：各種糖果、薯片、零食、口香糖和汽水。每場球賽，都是球隊聯盟募款的好時機，球賽越久，生意越好，許多爸媽還掏錢給沒上場打球的孩子們，愛買什麼就買什麼。

小小的糖果亭，雖是孩子們的小天堂，卻是熊媽的惡夢。理由是這樣的：小熊爸家族的牙齒都不好，牙齒超級容易蛀，小熊很幸運的這點也像爸爸，所以我們已經迫不得已在美國幫小熊補過一次牙，結果荷包大失血（美國看牙醫超貴！），全家吃泡麵度日一陣子，之後媽媽視糖果如毒藥砒霜，發誓絕不買糖果給小熊。

即使如此，**美國人在情人節、復活節、萬聖節這三節裡還是瘋狂發糖**，小熊總是會得到足以吃一年份的免費糖果！媽媽多半把糖給爸爸帶去實驗室荼毒同事，所以說實話：小熊和媽媽都對美國的糖果零食，認識很少。

現在要賣糖，可就糟了。客人說要哪一種糖時，熊媽常常張大嘴巴，面露癡呆狀……更何況還有各種價錢要對照，還有燙燙的漢堡、熱狗、爆米花要捧，飲料與薯片的種類也超多。沒有職前訓練、沒有刷條碼的機器，竟然也沒有收銀機？套句網友的說法：一切人腦化，馬上上戰場。

一些值得流淚的案例如下：

案例一：小姐，我要一份Nachos！

熊媽甜美的回答：「好的，馬上來！」

心中默唸：「慘……Nachos是啥東西啊？」臉上三條黑線很久，硬著頭皮去問，才知道是：墨西哥玉米餅淋上熱起士醬！

案例二：

「小姐，我要一個XXX、兩個OOO、三個MMM、四個YYY、五個PPP、六個RRR，還要七個WWW、八個TTT、九個FFF！」

（抱歉，熊媽到現在還是記不得這些糖果名、只好搪塞一下……這位人客你幹嘛要買這麼多呀？剛刮中樂透嗎？）

結果是：客人等了十分鐘才找齊所有糖果，再等五分鐘才查到所有價目、再等三分鐘才用人腦算好總價！客人和媽媽臉都綠成一片了。

案例三：

「小熊的媽媽，我有一塊錢，你看我能買什麼？」

熊媽低頭一看，原來又是小熊球隊教練的女兒，放暑假跟爸爸整天泡球場，來買糖

N次，門牙都蛀光了！

熊媽建議：「嗯，CCC配XXX好不好呢？」

小女孩不以為然的嘟嘴說：「不好不好！這些我已經吃過了啦！還有呢？」

小熊媽默唸：「這位小妹妹，這裡的糖你都快吃遍了吧？考我啊！」

十分鐘後才把這位愛吃糖的小妹妹打發走，後面人龍臉又都黑了！

案例四：

「小姐，我要DDD加PPP。」

熊媽暗喜，因為這個我會！馬上燦爛的回答：「給你，一共是三美元！」

客人不悅的說：「不對吧，我是教練，可以吃免錢的耶！」

一問之下真有這規定，但是你臉上又沒寫你是教練，而且我又不認識你呀？

當其他爸媽來換班的時間一到，熊媽幾乎是用逃的跟大家掰掰，並衝出糖果亭！還不忘回頭喃喃自語：

「糖果啊糖果，我不愛你你也不愛我，咱們還是無緣比較好！」

快樂日裡的落寞

也許你不是所有人裡最棒的，但是當你跑回壘包那一刻，媽媽知道：今天的你比昨天更棒，現在的你比去年更棒！如果能不斷砥礪自己，每天都有新的進步，相信你成為「所有人裡最棒的」那一天，不會是遙不可及的事情。

小熊所屬的萊城南區少棒聯盟（SLYB）為了募款，每年夏季前都會有一次快樂日（Funday）的活動，全體爸媽出錢出力，把聯盟六個球場周邊佈置成大型園遊會。孩子們可以買點券在裡面吃吃喝喝玩遊戲，爸媽們則是輪流顧攤位（又要賣糖了……）。

同日下午一點，有個分組的「個人球技競賽」。依據孩子的年齡及性別，去比較個人的三種基本棒球能力：

1.打擊能力 2.守備能力 3.跑壘能力。

去年，小熊參加了四歲組的男孩球技競賽，得到守備的第三名，也是他人生自己努力得到的第一個獎盃，但結果卻是換來他的痛哭失聲。

原來大會把「男生組」的獎盃弄成了「女生組」的獎盃，媽媽幾次提醒，大會也一直沒有更正錯誤，害小熊傷心了很久。

今年，經過一番苦練，小熊很期待抱回一個真正屬於他的獎盃。摩拳擦掌，我們準備好久了！

到了會場，以為維許也會帶著兒子亞當來參加，卻沒看到蹤影，只看到幾個負責比賽的別隊教練，在場內與自己的球員（或兒子）努力練球。有一個綠色制服的A's（運動家隊）的教練負責報名，媽媽才正要開口，他就說：「這位是小熊吧？要報名喔？OK！」

媽媽瞠目結舌，搞不透他怎麼知道小熊的全名。

那人又說話了：「我們常看球賽，消息很靈通的！」

帶著有點懷疑的心情，小熊去排隊等比賽了。早上他很早起，還與爸爸去體育館打一小時的籃球，等待時，小熊竟已經打起哈欠。

一開始比打擊，小熊很認真的揮棒，揮得很俐落，但是力道不足，球都滾到內外野交界。每人兩次機會，小熊的打線都沒能超過高頭大馬的外國孩子。打擊獎盃，宣告無緣。

第二比守備，也是小熊拿手的項目。想不到有兩關：高飛球（Popup）與滾地球，（四歲時只考滾地球）。考試的教練一開始就投高飛球給孩子接，由於小熊與媽媽都還在練滾地球，媽媽心裡暗想不妙，但是看到教練對接不到的孩子說：「我再投一次好了。」小熊前面上場的好幾個孩子，都接了兩至三次才接到，媽媽有點放心的想：「小熊總會接到一次吧？」

想不到比賽有差別待遇？只有前五、六個孩子有三次的接球機會，後面的孩子不知為何，第一球接不到，教練就說：「你可以下場了！」小熊就是這樣，連第二關接拿手滾地球的機會都沒有，就黯然退場了。

當小熊難過的低著頭走出來時，媽媽看了也很難過。媽媽不知該不該抗議教練不公，因為沒有其他家長抗議？只是小熊拿手的項目，都沒有機會了；剩下的跑壘一向不是小熊的強項。東方人本來就腿短，爆發力又比不上白人及黑人，看得出來小熊很想要獎盃，媽媽只好一直給他打氣。

「沒關係，你還有一次機會喔！」

「嗯！我要加油！」小熊臉上有些不確定，但是看得出他的決心。

終於輪小熊跑了，當小熊聽指示從一壘跑到二壘時，**其實媽媽是很感動的。這輩子**

沒看小熊跑這麼快過，他一改過去緩慢幼稚的步伐，雙臂正確在體側揮舞，聽從媽媽苦練時的指示：施力於腳尖，小跑步衝刺！

當他抵達終點的一刻，只有媽媽知道他花了多少努力，才做到這種程度。可惜，比他高大的外國孩子，還是讓他與獎盃無緣。媽媽其實已經看出結果了。

小熊帶著快樂的眼神跑回媽媽身邊：「媽媽，這次我該有獎盃了吧？我跑得好努力！」

「小熊，對不起，應該沒有……有比你跑更快的好幾個人在前面。」媽媽不想說謊。

小熊發呆望著前方。

這時，旁邊也有位父親，鼓勵表現不好正在傷心的孩子：「兒子，我要你記住，不論結果如何，你永遠是所有人裡最棒的！」

媽媽也很想說些話來安慰小熊，但是，我們只是默默的離開比賽場地。我帶小熊去園遊會玩，小熊跳了一會彈跳床，心情開心了一些，然後媽媽問他還要玩什麼。他搖搖頭，只安靜的向媽媽要了一塊錢，換了四張點券，去買一根棉花糖吃。

安靜的小熊，一點都不像平時到園遊會就激動得發抖的小熊，媽媽可以看到他小小眼裡的落寞。

小熊，我是一個狠心的母親，說不出：「你是所有人裡最棒的！」那句話來安慰

你，因為那不是事實……**事實也許殘酷，但是用謊言安慰自己，更是可悲。**

去年你由得到獎盃裡，了解到榮譽感的快樂。今年你由失去獎盃，媽媽希望你能去體會：成功的意義，不在於獎盃，而在於超越自己。

也許你不是所有人裡最棒的，但是當你跑回壘包那一刻，媽媽知道：今天的你比昨天更棒，現在的你比去年更棒！如果能不斷砥礪自己，每天都有新的進步，相信你成為「所有人裡最棒的」那一天，不會是遙不可及的事情。

別人的成功，是他們揮下我們沒看見的淚水與汗水，不用落寞，不要怨天尤人。人不可能每次都贏，就像天不會一直都晴。

今天很遺憾，我們有個落寞的快樂日，但是當你了解超越自己的意義後，每天都可能是快樂日：因為**那時你不再有敵人，只是努力與自己賽跑而已。**

自我的肯定，將勝於無數的獎盃與冠冕。

小熊民的出頭天？球探出現！

想起最近的一場比賽，小熊遠遠的站在外野的一角……自己的教練可能當他是棵草，想不到別隊的教練還認為他是塊和氏璧？

身為母親的心情，真是五味雜陳，但是也有欣慰與驕傲，當別人不認同你，而你卻對自己不放棄，繼續努力。

話說小熊上次在本壘揚威之後，維許與亞當父子度假回來，小熊繼續被派回到外野守備。

最近季前賽結束，小熊的球隊得到分組冠軍。六歲的尼可拉斯、伊安及瑞利，是三大功臣，他們分別守投手、三壘及本壘，形成一道堅固的防守連線，滴水不漏，讓對方的打擊鮮少跑出外野。

不過，正式錦標賽開始後，隊上防守大調動，開始荒腔走板，失誤連連，因為教練不知為何，竟然把剛滿五歲的亞當調到投手位置，還要其他三個六歲男孩在一、三壘的游擊位置，輔助亞當防守。

亞當畢竟只有五歲，反應不夠犀利，只見尼可拉斯、伊安及瑞利疲於奔命，亞當卻常呆立在投手板上，漏接很多球，卻一直沒被換下來。

記得小熊以前守游擊時，才漏接一球，就被教練調到外野，不得翻身。真是差別待遇啊！

敵手們都選最棒的六歲孩子出任投手位置，球隊的爸媽們也都看得出來問題在哪裡，為何教練們就是讓亞當穩站投手板呢？當又是一場輸球的那一刻，熊媽真的有點心灰意冷，目前小熊所屬的遊騎兵隊已經掉入敗部，再輸一場，我們真的可以提前放暑假了。

熊媽好幾次回家都告訴熊爸，這種怪異又不公平的現象，熊爸卻冷冷的說：「你現在知道了吧？**人家是美國人，還是教練的兒子，可以一再犯錯而被原諒。我們是外國人，只要出一次錯，就被打入冷宮**。我在美國工作久了，早就感覺到這點了，**我們沒資格犯錯！**你沒在美國工作過，當然不了解這種苦。不然我每天這麼拚命幹嘛？」

吐苦水反而被編派一陣？熊媽心裡真委屈。對，在美國我們是外國人，所以是不能犯錯的二等公民。突然慶幸小熊不是女孩，不然還有第二性的枷鎖，可能變成三等公民！

想不到，最近的一通電話，改變了家中小熊與媽媽抑鬱的心情。

前天，答錄機裡出現一位男士的留言：「你好，我是A's隊的教練大衛，我們正在招募各隊伍中，打得好的五歲孩子，你家小熊被我們挑選到，想邀請他參加萊城南區聯盟五歲的明星隊（All Stars），與其他的棒球聯盟巡迴比賽。請再回電與我聯絡，電話是XXX—○○○○。」

熊媽真是不敢相信自己的耳朵……這位大衛會不會是打錯電話啦？趕快請熊爸與對方聯絡。沒錯，這位大衛教練就是當時南區萊城少棒聯盟的「快樂日」裡，個人球技競賽時主動認出小熊的綠衣教練。現在他代表萊城南區少棒聯盟，邀請小熊參加全郡的明星賽。

全明星賽要開車到其他城鎮去比賽，還有一場全肯塔基州的比賽。如果得到州冠

軍，還可能參加全美的世界大賽（World Series）耶？說不定媽媽還要帶兒子去加州比賽？那……那……那……跨州出遊、去加州探望舅舅之旅有望啦！（連地點都自己假設好了？真是異想天開的熊媽啊！）

對這難得的鼓勵，小熊也很興奮，本來媽媽怕他打球太多太累，才五歲的孩子，就要到處比賽？不過他本人很有心參加，每天都開心的要媽媽陪著練球。看到他這麼來勁，熊媽只好捨命相陪。七月，準備繼續征戰各棒球場。

想起最近的一場比賽，小熊遠遠的站在外野的一角。自己的教練可能當他是棵草，想不到別隊的教練還認為他是塊和氏璧？身為母親的心情，真是五味雜陳，但是也有欣慰與驕傲：當別人不認同你，而你卻對自己不放棄，繼續努力。小熊，真正的機會，終於要來臨了！

在美國，有許多來自台灣的職業棒球選手正在發光發熱時，遠遠肯塔基的鄉村裡，也有一個台灣來的小男孩，每天為他小小的棒球之夢而努力。

這夢想也許很小、很遠，但是爸爸媽媽將做你堅強的後盾，弟弟是你永遠的啦啦隊！小熊，加油喔！

人生的第一個冠軍盃，然後呢？

去年四歲的小熊也是分在遊騎兵隊，當時該隊得到了分組亞軍，小熊個人得到「快樂日個人球技競賽」防守第三名，今年遊騎兵隊晉升為分組冠軍。全隊的孩子都歡欣鼓舞。

當小熊被唱名，到司令台前拿到夢想很久的大獎杯時，他對著獎盃傻笑，同時開心的親個不停。

五月到六月，是美國少年棒球最忙碌的季節。六月中前，小熊所屬的萊城南區聯盟，開始了緊鑼密鼓的分組預賽，小熊的遊騎兵隊分到紅組，另一組是藍組。每組各十隊，所以光SLYB聯盟的T-BALL就二十隊。

熊媽用心地仔細算過：這只是南區聯盟，萊城還有東南區、西區、北區、西南區……算算光少年棒球，小小的萊城可能就有一百隊?!美國，真不愧是棒球王國，光從基層開打的社區棒球，在一個小城鎮就有一百隊，台灣若想成為未來的棒球王國，也應該從這種基礎做起吧？

小熊的遊騎兵隊，在分組預賽中所向皆捷，得到藍組冠軍。可惜，在總錦標賽時的準決賽被淘汰了，不過閉幕式他們全隊還是有分組冠軍獎盃，而且一人一個，孩子們開心極了！**美國人對於鼓勵孩子的成就，真是不遺餘力。**

頒獎典禮，在六月底一個風和日麗的週日舉行，**為了表示對孩子的尊重，每個得獎的隊伍，都由總教練唱名每位小隊員的全名，到司令台前方領獎**。小熊從四月開始的苦練，終於在六月底頒獎典禮那一天有了成果。

去年四歲的小熊也是分在遊騎兵隊，當時該隊得到了分組亞軍，小熊個人得到「快樂日個人球技競賽」防守第三名，今年遊騎兵隊晉升為分組冠軍。全隊的孩子都歡欣鼓舞。當小熊被唱名，到司令台前拿到夢想很久的大獎盃時，他對著獎盃傻笑，同時開心的親個不停。

總教練史提夫的太太桑亞更是用心。她在儀式結束後，送給每位小朋友在打球時的黑白特寫照片一張。原來，兩週前她曾經向熊媽要所有曾經拍攝過的照片檔案（我真的不夠低調，被人發現拍了好多相片），再從一千多張照片中，挑選每個孩子最美的角度，然後去專業的相館洗給大家留念，真是個了不起的工程！她還不居功的告訴眾父母：相片都是熊媽照的。

於是接下來熊媽收到好多訂單，好多位父母都要來要一份少年棒球之非常光碟。（也許我該考慮轉行算了？再創事業第二春。）

令人驚訝的是，拍照結束後，總教練史提夫拍拍小熊的頭，預祝小熊好運。然後他說：「接下來，我們就是敵人了喔！」

總教練史提夫與小熊合影，期許小熊再接再厲。

敵人？熊媽聽得一頭霧水，後來才知道今年暑假南區少棒聯盟將徵召明星隊共有兩隊：六歲的孩子為紅隊，五歲的孩子們編為藍隊。史提夫教練將帶領六歲的明星紅隊，大衛教練帶領明星藍隊。

接下來的賽事，是全萊城各聯盟每

週輪流舉辦明星賽，但是比賽不會分五歲或六歲，而是只要是少年棒球（T-BALL），就會一起比賽，所以要爭明星賽的冠軍盃，小熊的藍隊也是史提夫所帶領紅隊的敵手之一。

這麼說來，小熊要和他所仰慕的大哥哥，伊安、瑞利及尼可拉斯（目前都被招募到紅隊）一起對抗，爭冠軍寶座？媽媽光想就臉都白了。

看看明星賽藍隊的練習時間表，天啊！七月開始整整一個禮拜，每天下午都要到球場報到？本週五開始第一場明星賽，週六要連打三場？如果贏的越多，後來的比賽也會越多。

小熊為了棒球賽，已經從四月練習到六月底了，想不到接下來的明星賽賽程更多，而且還有要開車到別的城鎮參加明星賽。這樣一來，暑假不就幾乎是在棒球場度過？

小熊，爸媽答應讓你參加明星隊，到底正不正確呢？你才五歲，還在開心的親吻慶祝人生的第一個冠軍盃時，後面更艱苦的考驗，正一個接著一個等著呢！

男子漢的鐵血之路？明星賽有感

原來球場，是培養孩子成為男子漢的地方，跌倒了要自己學會站起來；受傷了要學會不流淚；輸了要學會自我振作、繼續奮戰！

在那一刻，媽媽才了解，以自己有限的、柔軟的女性成長經驗，來教養男孩子，是多麼淺薄又充滿荊棘的道路啊！

這陣子，我身邊的朋友發現，我比較少談小熊打棒球的事了。一來是忙著跟孩子練球，二來是開始省思明星賽的一些矛盾與遺憾。

當初讓小熊加入五歲的明星隊，是想到將來若回台北，小熊能打棒球的機會就不多了。能夠與實力接近的孩子一起切磋球技，也是難得的機會；暑假又很悠閒，孩子多鍛鍊鍛鍊身體也是好事一件。

事實卻不是這樣。

美國少棒的錦標賽，正在全美各地如火如荼的展開。這些比賽分齡很清楚：九歲孩子跟九歲的打，十歲的跟十歲打，依此類推，公平競爭。比賽前還要驗選手的出生證明，以免超齡的孩子來競爭。

原本熊媽以為：五歲的孩子就是跟五歲的明星隊打。結果不然，小熊常常要與高頭大馬的六歲孩子（有的已經七歲）對決！

原來小熊所屬的南區聯盟，以前好幾年都在萊城稱霸。但是最近東南區（SE）聯盟屢屢拿下明星賽冠軍。南區聯盟為了深耕，今年**實驗性的組了一支五歲**

的隊伍，希望由小開始訓練，等他們六歲時，就能拿下全州比賽的好成績。

可是，訓練是如細雨般的密集，七月裡幾乎每天傍晚都有練球；比賽的場次更是誇張，常常一個週末就要連打三場球。（約四至五個小時）。

七月某一天，因為熊爸到外州開會好幾天，媽媽帶著熊兒們開車四十分鐘到外城W比賽，從早上十點站到下午四點。小熊站在炎炎烈日下一共連打了四場比賽，整整六個小時！

他和隊友都才五歲，大人也沒這樣比賽的吧？五歲的孩子，在台灣才幼稚園中班，有這樣拚命比賽的嗎？

記得上週我們去東南區比賽，對手是最強的東南一軍，個個高頭大馬，簡直像巨人與侏儒比賽（小男孩，差一歲身材真的差很多！）他們大棒一揮，球球都跑到外野（這時守外野真是吃重的角色了！）

第三局時，小熊守在三壘後方的左外野位置。隊友三壘手杰倫，不巧被一支強勁安打擦到臉頰，只見小男孩痛苦的在地上打滾。

是的，美國的T-Ball雖號稱是soft ball（軟球），但是**用的球其實已經與一般大人打的棒球差不多堅硬。**可不是台灣樂樂棒球用海綿的大軟球，**是真槍實彈、堅硬無比的棒球！**想想美國的小孩子，真是不容易：拿鋁棒，打硬球！四歲、五歲就開始這樣的訓練了！

十分鐘後，另一起悲劇就在熊媽眼前上演：一支強勁安打，正中小熊的身上！教練跑過去，小熊悲傷的哀號響遍全球場。他哭喊著說好痛……這麼硬的棒球，打出去可能連汽車玻璃都會粉碎，打到五歲孩子小小的身體上？媽媽當場腦子一片空白，呆立在現場。

正好好友帶著姪子來幫小熊加油，她趕快推推我，說：「快去看你的兒子啊！」

可是，熊媽只能站在欄杆外看，因為球場裡是教練掌管的地方。之前當杰倫被打到時，他媽媽沒進去球場看他。後來杰倫站起來繼續比賽，大家才嘉許的給他鼓掌。

原來球場，是培養孩子成為男子漢的地方，跌倒了要自己學會站起來；受傷了要學會不流淚；輸了要學會自我振作、繼續奮戰！

在那一刻，媽媽才了解，以自己有限的、柔軟的女性成長經驗，來教養男孩子，是多麼淺薄又充滿荊棘的道路啊！

比賽後，媽媽看著小熊又青又紅的左臂，安慰的說：

「小熊，下次如果能試著去接住那顆球，球就不會打到你了喔！」

小熊委屈的說：

「媽媽……**我就是試著要去接那顆球啊！**」

媽媽無言以對。要成為男子漢或明星的道路，有時真是玩命之路啊……有點開始自責，這條難走的路，雖是你自願的選擇，但我們該護送你繼續走下去嗎？

誰需要勇氣？明星的真義

「小熊，你知道明星的意思嗎？」小熊搖搖頭。

「明星就是……在越黑暗、越困難的時候，越努力發光的人！」

其實這句話是說給誰聽的呢？媽媽在心裡告訴自己：對不起，小熊，原諒媽媽曾對你失去信心；媽媽會更努力，做一顆在你前途黑暗的時候，為你照路的明星。

七月某週六，該去溫徹斯特鎮比賽的早上，我叫小熊起床，小熊卻說他不想去比賽。他很憂鬱的看著我說：

「媽媽，我不想去……**我不想再輸了……**」

的確，打得再好的五歲，怎麼也比不上打得很好的六歲。明星藍隊成軍以來，雖然比賽無數場，贏的次數卻屈指可數。以前的常勝軍，現在的窩囊人。五歲的孩子不懂輸贏嗎？他們完全都懂，所以孩子嘗到的苦果真多。

這也是最近媽媽覺得明星賽的矛盾與遺憾吧，信心與勇氣的危機出現了。

我對小熊說：「**小熊，你要有勇氣，輸贏不重要，重要的是你願意去嘗試……**也許，今天你們就會贏！」

事實上，真正有勇氣危機的，是那說話的人。

小熊的藍隊隊友，絕大部分是各隊教練或副教練的兒子。他們有父親的信念與支持，充分表現旺盛的企圖心與戰鬥力。

熊爸太忙，無法陪小熊練球，小熊偏偏最近進入打擊的低潮期。以前打得不錯

的他，最近似乎有了瓶頸，每次輪他上場時，不是多次揮棒落空，就是一壘前被接殺，或是害隊友被刺殺在二壘（當然這與對手很強有關）。機率太高，眾家長都看出來了。

所以，當家長啦啦隊努力幫每個孩子加油時，小熊一上場，熊媽就突然感受到眾人的沉默（甚至是失望）。

一開始熊媽還努力的為孩子吶喊：

「小熊，用力揮棒！」

「小熊，你做得到的！」

但是，小熊一次又一次的失敗，漸漸地，變成媽媽垂頭喪氣、沒聲音了。

每次媽媽看到小熊上場打擊，然後又拖著沉重的腳步回到休息區去……媽媽的頭也低了，心也沉了。

媽媽第一次開始懷疑：

「我的小熊真的做得到嗎？」

「這真的是小熊擅長的地方嗎？」

「小熊會不會去練唱歌或舞蹈（小熊從小就很愛自己跳舞），比較會有成就感呢？

他是不是選錯戰場了？」

當他自己憂鬱的說：「我不想再輸了……」

其實媽媽心裡想的是：「我不想再看到你輸、不想看到你垂頭喪氣的樣子……」

看到別的媽媽，意氣風發的為自己孩子的表現高興，熊媽卻一直無法面對眾人尷尬的沉默。最後演變成，當小熊要上場時，媽媽就趕快離開觀眾席，陪弟弟小小熊到後方去玩，以免再次體會眾人的失望。

去溫徹斯特鎮的比賽也是，媽媽陪小小熊玩耍的時間，比看小熊打球的時間多。

還好，當天的比賽小熊的隊伍贏了兩場，有拿到獎牌。比賽終於結束時，每個孩子吵著問教練：誰可以拿到每次比賽後的榮譽球。（Game ball，教練在比賽後會發給當天表現最好的孩子，作為榮譽與鼓勵。）

總教練David說：「今天有四場比賽，我要發四顆Game balls。你們坐下來，等我宣布。」

本來一直在幫孩子拍團體照的熊媽，開始準備逃離現場，**因為不想看到小熊又沒拿到榮譽球的失望表情，還有自己孩子一直表現不出色的事實**。

媽媽選擇站得遠遠的。

想不到，David把第四顆球頒給了小熊。他說：「小熊在外野，努力傳回許多球，化解多次危機。我要謝謝他！」

小熊與媽媽都不相信自己的耳朵。外野的苦苦等待，也是表現之一？媽媽沒看到，小熊自己也沒看到，教練看到了。

當小熊開心的拿著Game ball給媽媽看時，媽媽心裡都是慚愧。**是誰說要不論結果，**

默默支持？是誰承諾要當孩子永遠的後盾？當眾人對小熊失望時，媽媽竟也失去了支持的勇氣。

回家的路上，媽媽突然想到一件事，回頭對小熊說：

「小熊，你知道明星的意思嗎？」

小熊搖搖頭。

「明星就是……在越黑暗、越困難的時候，越努力發光的人！」

小熊似懂非懂的點點頭。

其實這句話是說給誰聽的呢？媽媽在心裡告訴自己：對不起，小熊，原諒媽媽曾對你失去信心；媽媽會更努力，做一顆在你前途黑暗的時候，為你照路的明星。

當全壘打遇上了狗

小熊眼眶帶淚的說：「媽咪……我真的好想拿回我的球喔！」

媽媽也鼻子酸酸的說：「孩子，這就是人生吧……你的失落，讓世上多了兩條有玩具而快樂的狗。算了吧，人生，千萬不要太執著。」

有幸住在美國中西部，春天來臨竟像到了日本一樣，到處都有誇張盛開的日本櫻花，還有蘋果花、桃花……真是美不勝收，另有兩個深刻的體會。

一、鄉村生活，地方廣大而生活步調慢，此地的人特別熱愛棒球，從四歲的奶娃到六十歲的老伯們，春天，又是他們捲起衣袖，下場流汗瘋棒球的美妙時刻！

二、還是一樣：鄉村生活，人們特別喜歡養大型寵物，駿馬也就算了，狗與貓是一定要有的！熊窩的東南西北各方位，每一家都有貓有狗！只有我們家例外，我們只養小熊。

當這兩點互相交會時，冒出的火花，竟能讓我家和平主義的小熊哥，義憤填膺、熱淚盈眶！

話說為了即將開始的棒球季，三腳貓教練（熊媽）與小熊開始日以繼夜、臥薪嘗膽的練球。小熊放學回家後，吃吃點心，寫完作業，就開始與媽媽練習接高飛球、滾地球，然後就是到後院，兩棵五層樓高的大樹中間，開始在T字棒上做打擊練習。

熊族後院是長方形的，大小如籃球全場的一倍半。小熊四歲練打擊，從大樹下只能打到中場距離；五歲時，勉強可以把球打過全場，滾到後方鄰居的鐵絲網邊。

現在六歲了，真的不一樣了。

這兩天練球時，小熊哥大棒一揮，媽媽腦海中竟忍不住響起台灣棒球轉播員高亢的聲音：「**這一球揮棒出去……那麼高……那麼遠……飛過了圍牆……是一支全～壘～打！**」

熊媽不敢相信的擦眼睛，球真的飛過了圍牆，落到後院鄰居的草地上。

這應該是偶然吧？媽媽還在驚訝時，小熊已經急著要撿球回來，鄰居後院卻突然衝出兩條大狗，百般兇惡的對我們狂吠。

我們是用真的棒球在練的，不是塑膠球（前面說過，美國小孩真猛，四歲就開始用硬球！）而小熊哥的真球也就只有三顆，所以他一直吵著說：

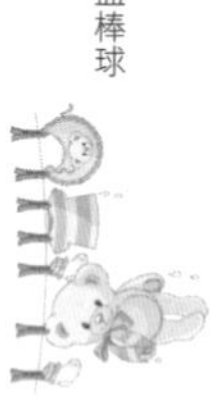

「媽媽，我要翻過籬笆去……我一定要拿球回來！」

「媽媽，那籬笆不高，我可以的，拜託讓我去吧！」

問題不在於籬笆，而是那兩隻很像牛頭犬的惡狗！牠們叫得都快吐白沫了！媽媽雖知道熊比狗厲害，不過那是長大的公熊，可不是小熊與母熊耶！於是便假裝鎮定的說：「小熊，算了，沒關係……我們繼續練習好了。」

苦勸半天，小熊終於心不甘情不願的撿起球棒，然後……鏘的一大聲！媽媽腦海又出現了：「**這一棒揮出去……非常高……非常遠……又飛過了圍牆……又是一支全~壘~打！**」

媽媽下巴瞬間掉了下來。難道經過一個冬天的冬眠，我家小熊哥的臂力，已經進步了嗎？

正在開心，只見那兩狗又是一陣狂吠，然後……突然不吠了。

媽媽與小熊，看到那兩隻狗開始咬著戰利品，好奇的嘗著、玩著。我們走近鐵籬笆想要撿球，當然是馬上收到恐怖的口沫橫飛、咆哮與威脅！

小熊眼眶帶淚的說：「媽咪……我真的好想拿回我的球喔！」

媽媽也鼻子酸酸的說：「孩子，這就是人生吧……你的失落，讓世上多了兩條有玩具而快樂的狗。算了吧，人生，千萬不要太執著。」

所以，請如此想像美國中西部的春天，除了到處盛開、讓人噴嚏連連的櫻花與蘋果花之外，還有許多條快樂的狗兒，正在興奮地啃噬牠們的新棒球呢！

P.S. 熊爸，該買球了！

開幕式，一個男孩的眼淚

聽了真難過，不知道該說什麼好，如果早知道有這種開幕式（我們事前沒收到任何通知），媽媽一定會自掏腰包做點什麼標語、買些氣球，但是一切都太遲了！歡樂的氣氛裡，群眾的笑聲中，這裡卻站著六個落寞的棒球男孩。

小熊經過明星隊的挫敗，不但對棒球沒有失去興趣，反而針對自己的弱點，更努力的練習。

這期間，小熊的美國好友崔特來看小熊打球的那一天，小熊的開心是無法用筆墨形容的。

其實崔特是一個標準的足球男孩，他的父親是少年足球的教練。崔特與兩位哥哥從小就勤練足球，對棒球不太有興趣。他們家也很少看足球以外的運動。

有一天，崔特告訴小熊，要來看他打棒球。比賽那天，小熊每五分鐘就問一次：「媽媽，崔特來了嗎？」

一直到比賽中場，崔特都沒出現；小熊臉上都是失望的神情，媽媽只好安慰他：

「崔特可能今天有事，改天一定會來的！」

沒想到話才說完，崔特的母親達莉，氣喘吁吁的帶著孩子出現了。

「你們這聯盟有六個球場，我們一個一個找，所以迷路了，真是抱歉……」

小熊的臉色一亮，看到好友來，就像打了一大劑強心針一樣。上場打擊時，揮棒比平時有勁多了。

比賽結束，小熊的球隊還是以一

分飲恨，可是這次小熊一點都沒有沮喪，他跑到球場外，用力擁抱他的好友，就好像已經半世紀沒見過他一樣。

小小的友誼，給小熊大大的勇氣。

事後的發展是，崔特似乎因為那場球賽，對棒球產生了興趣（他覺得棒球的整套裝備比足球的酷多了！），所以在小熊六歲的初春，兩個好友相約一起打棒球。

我們繼續參加萊城南區聯盟的遊騎兵隊，可是卻很失望。今年的總教練換了新人，名叫克利，是萊城某大醫院的行政總監。他工作很忙，個性也冷，沒有與各隊員家長做什麼溝通，所以隊上練習時，來的人都很少。

去年遊騎兵隊練球時，幾乎都是全隊到齊（每隊約有十一至十三人），今年每次練球不是經常取消，就是來小貓兩三隻，有時連教練克利也沒來，只派副教練比利前來。此點讓熊媽不太諒解。

聯盟球季開幕式當天，因為連日大雨而延期，所以比賽都正式開始後一週，才補辦了開幕儀式。

當天大會要求每隊要做些特殊的打扮，或是做些標語，表現出該隊的團隊精神（Team spirit），我們教練卻毫無動靜與指示。

到了開幕會場，看到每一隊都有特別的大標語、彩球，各隊還有特別打扮：海盜隊

的孩子都戴著眼罩，小熊隊的則是帶著泰迪熊，運動家隊臉上有勇氣刺青……到處充滿著五彩的氣球、勇氣的標語，有的隊伍還在一旁烤肉，或全隊大吃冰淇淋。

我們隊呢？什麼都沒有！大家枯等了半天，不但隊員只到了六位，要繞場一周時，教練克利及副教練比利都沒出現。

當大會叫道：「遊騎兵隊～出場！」時，全場歡欣鼓舞的氣氛，突然降到詭異的冰點。

一切就像慢動作一樣，聲音也都消失了。小熊領著其他五位隊員，默默的跑過司令台，沒有標語，沒有氣球與打扮，甚至連教練都沒有。全場開始竊竊私語：

「這一隊……是怎麼了呢？」

大會結束後，小熊好友崔特的眼睛紅紅的，低頭不發一語。我問他母親達莉怎麼回事。她無奈的回答：「這是他放棄足球後，第一次參加棒球開幕式，他想要隊上也有些特別的東西（something special）……別隊都有啊！」

聽了真難過，不知道該說什麼好，如果早知道有這種開幕式（我們事前沒收到任何通知），我一定會自掏腰包做點什麼標語、買些氣球，但是一切都太遲了！歡樂的氣氛裡，群眾的笑聲中，這裡卻站著六個落寞的棒球

男孩。

看著小熊握著崔特的手，於是我低頭對沮喪的小男孩說：「你也有特別的東西喔！你有你最好的朋友：小熊！」

我不知道這樣安慰有沒有用，但是崔特與小熊不久後，就在一旁開始自己練球了。

也許開幕只是一個儀式，真正的比賽才要開始。還好，以後的幾次比賽，教練們都沒有缺席過，而且**永不缺席的，是兩個男孩的友誼。**

教練的律師性格vs.人道主義

棒球是團隊的運動，是要培養全隊的實力，或是培養幾個明星球員就好？教練有選擇權。不過，去年遊騎兵隊分組冠軍獎盃後面的黑暗，還有不再打棒球的幾個孩子的臉孔，讓我難以忘懷。

也許今年我們與獎盃無緣，不過，相信小熊會有不同的收穫。

這一篇與政治無關，與小熊六歲打棒球有關。

六歲的夏天，小熊的新任教練克利與前任教練史提夫，有很大的性格差異。

小熊五歲時的教練史提夫，是一位在現實生活上事業有成的律師，他為了兒子伊安所以加入棒球隊擔任教練的工作。史提夫求勝心強，鐵血作風，凡是表現不好的孩子，一律打入後方守不重要的位置，所以在小熊五歲的球季，遊騎兵隊在預賽裡所有的守備，每場都是黃金陣容，好的球員一直有機會接到球。因為五歲的孩子揮球不遠，大部分的球都落在投手，或一、三壘手的位置上。

也因此，**表現不好的孩子，永遠默默守在後方，沒什麼接球機會，就是枯等。**這也包括我家小熊。

球季的預賽結束，進入正式的錦標賽後，開始聽到有些家長不滿的怨憤。教練史提夫打電話給一些表現不好的隊員家長，請他們在重要的決賽裡，讓孩子「自動缺席」，以免拖累全隊的表現。

我聽到這抱怨，已經是球季結束後的事了。當時很驚訝，難怪最後史提夫家的慶功宴，幾個弱小的孩子們都沒出席。

今年，他們也沒出現在球隊裡，可能已經對棒球失望，沒興趣報名了。

小熊四歲在外野等了一年，五歲也差不多如此。終於當他六歲了，是隊上年紀最大、打球資歷最久的孩子之一，加上他不斷苦練，球技的確屬於隊上較成熟的一員，我們以為他總算可以進入少年棒球裡重要的防守位置，如投手、一壘手或三壘手。

結果又大出意料之外。

話說小熊的摯友崔特，為了小熊也加入了棒球隊，前任隊友傑可布入隊也進入第三年，所有的家長都看得出來，小熊、崔特、傑可布會是隊上三位六歲、體能及應變力

史提夫教練與小熊

克利教練與隊員訓話

較佳的球員。如果是史提夫掌兵符，他們三人就會是投手、一壘手及三壘手的鐵三角防線。防守好了，只要打擊線再調好，勝券可以在握。

不過，史提夫教練隨七歲的兒子伊安晉升到年紀更高的少棒去了，新的教練克利，帶著他快五歲的孩子艾許，接管遊騎兵隊。他不是律師，MBA出身，目前是萊城最大醫院的行政總監。

已經比賽了三場球，克利每一局都會換人守不同的位置，即使是六歲的孩子也有可能到不重要的外野去；所以，五歲的孩子也常在守投手及一壘手等重要角色。

家長（包括熊爸熊媽）開始時很心急，防守一直漏接，即使對手不強，也連吃敗仗。

我們都在納悶：「難道這教練不想贏球嗎？」

慢慢的，才看出端倪。

有次比賽結束時，克利說：「孩子們，我們今天沒有贏，但是輸贏不重要，重要的是，你們有沒有在球賽中得到樂趣、學到真的經驗……你們有嗎？」

孩子們都開心的回答：「有！」

每個孩子都有機會守重要位置，都很有參與感，不再只做永遠守冷宮的小卒。如此培養一顆愛棒球的心，才能持續打球下去吧？

小熊以前的兩位教練，都把第一場比賽的榮譽球（Game ball），送給自己的兒子。可是克利沒有，他把第一顆球頒發給年紀最小、表現最弱的康諾。本來傷心自己表現不好的康諾，眼睛又亮起了光芒。

這位克利教練，是一位人道主義的理念者吧？律師教練的性格，為求勝利，只培育明星；而人道主義則是秉持公平原則，人人都能得到訓練，長期來看才能永續經營吧。

棒球是團隊的運動，是要培養全隊的實力，或是培養幾個明星球員就好？教練有選擇權。不過，去年遊騎兵隊分組冠軍獎盃後面的黑暗，還有不再打棒球的幾個孩子的臉孔，讓我難以忘懷。

如果小熊四、五歲時，就遇到克利，該有多好？

也許今年我們與獎盃無緣，不過，相信小熊會有不同的收穫。

擺盪在弱者與強者之間

小熊，希望你能體會：處在弱者裡，不用驕傲自己的強大，因為人外還有人；處在強者裡，也無須自卑，只要肯努力，弱者也可以慢慢變強。最重要的是：時時全力以赴，盡其在我，一切就值得了。

至於寂寞呢？人生總是難免寂寞，就試著學習，如何與寂寞做好朋友吧。

小熊六歲的球季，球隊大慘敗，因為教練克利理念雖好，但是醫院公務太忙，時常缺席，遊騎兵隊整體訓練不足，球隊的精神與表現都很鬆散。小熊雖然是隊裡的強者，不過獨木難支，丟出去的球，隊友總是接不到。強者，很寂寞。

六月的分區比賽結束後，小熊又很榮

幸被選到了六歲的明星隊，開始了每日緊湊的練習。練球的壓力與六月迥然不同，小熊也像是洗三溫暖一樣，從最弱隊裡的強者，變為最強隊裡的弱者。

在明星隊裡，很多孩子是強隊裡的強者，許多人的父母還是體育教練。他們求勝心旺盛，體格又好，再加上之前球季的訓練，就像一把才剛磨好的利刃，真強！

小熊不是肌肉型的孩子，事實上他比較像書生，跑得不如黑人快，打得不如白人遠，加上五月到六月克利教練沒有好好訓練他，剛到明星隊的他，很明顯是個弱者，心情更寂寞了。

上週打第一次的西南區明星賽中，小熊的打擊總是最後一棒，守備不是最外野，就是沒事做樣子的捕手位置（T-Ball沒人投球，事實上是不需要「捕手」的）。媽媽看了有點沮喪。小熊自己也很落寞，沒事上場一直等待，守在最不重要的地方，以前的強者形象，蕩然無存。

媽媽心裡也掙扎了很久，寧為雞首，不為牛後，小熊這次被選到最強的明星紅隊，到底是幸運還是不幸？也許去其他幾個明星隊（還有藍、灰、白等，由次強孩子組成的隊伍）比較適合他？

別以為孩子小，**美國的孩子也是懂得尊敬強者，忽視弱者的**。小熊又是唯一的亞洲人，每次教練要大家排排坐好訓話時，人多位少，他總是找不到位子，也沒朋友要拉他擠一擠，只好尷尬的默默站著……孤單的身影，媽媽看了也很無奈。

就這樣掙扎了幾週後，終於，小熊還是交到了朋友。

某次的比賽，小熊在捕手位置，靈巧的接住球，刺殺了奔回本壘的跑者。眾爸媽對他鼓舞叫好，教練也開心的頒發了榮譽球給他。

小熊也許是個書生型的球員，但是也慢慢讓人看出不同的特點：會判斷球路，揮棒也許不是全壘打，但總能上壘，跑得不是最快，但是知道何時該跑。**打球靠智慧，不靠蠻力，也許在強者裡求生存、求學習，見賢思齊，才會變得更強吧！**

擺盪在弱者與強者之間，如同洗三溫暖一樣的酸甜心情，點滴在心頭，但也增長了眼界。

小熊，希望你能體會：處在弱者裡，不用驕傲自己的強大，因為人外還有人；處在強者裡，也無須自卑，只要肯努力，弱者也可以慢慢變強。最重要的是：時時全力以赴，盡其在我，一切就值得了。

至於寂寞呢？人生總是難免寂寞，就試著學習，如何與寂寞做好朋友吧。

棒球，該說再見？

A學不好，再換B；B學不好，再換C。換來換去，會不會結局都是半途而廢，永無成就呢？媽媽還是希望小熊能夠珍惜在美國打棒球的機會。打了兩年的底子，不要放棄，要繼續練球。

最近有件事一直困擾媽媽，就是小熊要向棒球說再見了。

小熊六歲，從四歲開始打棒球，算算打球有三年，是他人生一半的時光。最近秋季棒球即將於九月開始，媽媽之前問小熊還要不要打。小熊原本說好，不過最近改口了，他說：「I am done with baseball！」（我打夠棒球，不想打了！）

這種轉變，潛在原因可能出在熊爸身上，但明星賽的影響也不小。

明星賽裡，小熊與許多教練的兒子競爭，又要面對七歲孩子等強勁對手。差一歲，體能差很多，東方身材更吃虧，所以暑假打掉了不少他的自信心。

熊爸看到他與其他教練的孩子練球，總是表現不如別人。有一天，在家與小熊練球，小熊又恢復嘻嘻哈哈的分心態度時，熊爸恨鐵不成鋼，氣沖沖的當著小熊的面說：「你根本不是打球的料子！乾脆別打了，浪費大家時間。」

媽媽猜想小熊可能不懂「不是那塊料子」的中文意義，不過後幾句話，他還是聽得懂的。之後，媽媽好幾次問小熊：「秋天的運動報名即將截止，到底還要不要打棒球呢？」小熊眼睛都不看著媽媽，低頭說：「我打夠了，不想打了！」

打夠了？也對。從初春棒球季開始，四月、五月、六月、七月，小熊打了整整四個月的少年棒球，媽媽與弟弟在場邊也曬了四個月，大人小孩都已經到了極限，是不是大家都該休息，換換口味了？

目前的狀況是，小熊的秋季學期開學了，每天三點放學。美國小學的功課很少，只要閱讀三十分鐘，做數學練習十分鐘，剩餘的時間很多。媽媽其實也有想過：讓小熊試試別的運動，例如此地也很流行的足球，或是籃球？（不過爸爸總會潑冷水說：「打籃球，東方人沒希望！」）還是可以自救健身的游泳？換個角度想，小熊也很有喜感，還是去學演戲？唱歌？跳舞？

雖是一點小事，媽媽還是為了小熊六歲的秋天要做什麼活動，傷透腦筋。天底下就是有傻媽媽吧！我心裡耿耿於懷的其實是，**小熊前後不一致的說法。隱含的意義是：失去對棒球興趣或自信的小熊，未來還會想打棒球嗎？**也許小熊真的只是累了，也許是我想太多了，可是，我有點擔心。

A學不好，再換B；B學不好，再換C。換來換去，會不會結局都是半途而廢，永無成就呢？媽媽還是希望小熊能夠珍惜在美國打棒球的機會。打了兩年的底子，不要放棄，要繼續練球。

還好，小熊最近又告訴我，他想等到明年春天時再打棒球。秋天他想跟好友崔特去試試足球。有空時，他還是會與媽媽練投球的。

也許真的是想休息了吧？六歲的秋天，我家小熊決定要去玩足球了！

樂觀的熊外婆聽到了，還開心的說：「乖孫，要邁向貝克漢之路喔？阿嬤給你加油！」

獻給台灣的棒球之淚

今晚媽媽真的要謝謝在威廉波特的中華台北少棒隊小將們。也許結果是輸了，也許很多台灣同胞都沒看到你們的努力，但是，你們在鏡頭前流著汗與淚的努力精神，融化了遠在肯塔基鄉村裡，一個棒球小少年冰封的心。

自從決定秋季不打棒球後，媽媽好幾次說要在家陪小熊練投球，小熊都漠然的相應不理、或斷然拒絕。小熊的棒球手套，媽媽也遍尋不著，似乎是自動消失了？

某日下午，萊城竟然高達攝氏近四十度。熊媽帶熊兒們去戶外泳池遊玩，正好遇到棒球明星隊教練大衛的夫人喬伊絲，及獨子賈許（也是小熊的隊友）。喬伊絲說：賈許天天與爸爸到球場練球，明天是秋季棒球的第一天，賈許很開心要開始打球了！

小熊聽了，裝作沒聽見。媽媽打趣地問他：「想不想打秋季棒球？」他一溜煙游走了。

想不到，今晚的一場棒球賽，改變了許多事情，也深深震撼了小熊的心。

小熊六歲的秋天，在美國的威廉波特，上演了一場少棒晉級賽：中華台北的小將們，來到美國想要爭世界盃（World Series）冠軍！當天早上我才看到他們在中時電子報的照片，打敗強敵墨西哥隊，全隊歡欣的相擁！今晚，他們迎戰更強的宿敵，日本隊。

猶記三十多年前，小小的熊媽，也曾和兩個哥哥半夜起來守著收音機（或電視），為遠在威廉波特的台灣少棒、青少棒、青棒隊加油。很巧的是，當晚熊爸打開ESPN2時，發現了這場比賽，興奮的要我們來觀戰。

熊爸抱著六歲的小熊，開心的一一指著來自台灣的小選手說：「小熊，你長得好像他唷……台灣來的耶！」（在美國中西部住太久，看到台灣臉孔都會特別興奮！）

「小熊，你將來也要打少棒（Little League）喔！」

（媽媽有趣地想：不知道是誰潑兒子冷水、說不是塊材料？熊爸的失憶症還滿嚴重的。）

小熊本來面無表情，但看到爸媽都超級興奮的為中華台北加油，畫面上又一直顯現在場僑胞熱情揮舞國旗的模樣，小熊也感動了，開始吶喊：「Go! Taipei! Go! Taiwan!」

就連三歲還搞不清楚狀況的弟弟，都一起手舞足蹈，興奮莫名！

少棒只打六局，可是雙方勢均力敵，陷入苦戰。第七局，沒結果；八局，又平手……眼見日本投手越來越冷靜，三上三下的解決我方攻勢。

熊爸說話了：「才少棒，球速就這麼快？日本投手太厲害，我們可能輸定了！」

小熊和熊媽不聽還好，一聽氣得臉都紅了。

台灣的投手，是一位長得很古意的少年，叫Chen。日本隊打擊火力旺盛，每局都有上壘快得分的現象，小熊和媽媽急得直跳腳，但是好險，Chen總是能化解危機。

烏鴉嘴熊爸卻冷冷的說：「該換投手了啦！」

小熊很氣，指著電視，要日本人快快出局，然後……他不知從哪裡拿出棒球手套（看樣子只有他知道？），要和媽

媽在家裡練接球！

而這場少棒賽，竟然一直延長打到十局？（成棒也才打九局）。看著台灣小將辛苦流汗流淚的樣子，熊媽的心也很著急，暗暗為這些孩子們祝福。

十局下，日本進攻，果然Chen被換下來，新投手投第三球，就被日本隊超強的冷面投手，打出再見全壘打！台灣輸了，與晉級無緣。

小熊不相信這個事實，雖然此時已過上床時間，熊爸一直催他去睡覺，他卻固執要與媽媽練接球。小熊大聲地說：「我還要多練幾球！」

熊爸生氣的趕小熊到房間睡覺。熊媽換好睡衣去看小熊時，發現他在床上默默啜泣。

「小熊，你為什麼哭呢？」

「……」小熊無語。

「你在為中華隊難過，因為他們輸了，是嗎？」

小熊默默的點點頭，然後，他突然跪在床上，發出痛苦的嚎叫！像一匹在荒原裡迷路的狼，尋找不到同伴與方向，那麼無奈、悲傷……

最近的明星賽，輸過無數次，小熊都忍在心裡。媽媽常常見他落寞的走回休息區，但從未掉過一滴眼淚……現在，小熊的悲傷，可是找到出口了？

「我要他們贏……我不想輸……」小熊流著淚，喃喃的說。

媽媽也不知該說什麼好，抱著小熊，我說：

「小熊，你要以他們為榮。**他們打了十局，對大人而言都不容易了！球賽就是如此，有時你贏，有時你輸了……**只要願意，還是有希望的！」

小熊靜靜的聽。

「日本的棒球真的很強，他們國家在去年贏得世界經典賽的第一名！是個可敬的對手。但是，我們的中華隊員都還年輕，才十二、十三歲，只要他們不放棄，明年還可以再來，十五歲可以再來，十六歲、十七歲……到二十歲都可以再來！」

「那……三十歲呢？」小熊含淚問。

「三十歲、四十歲，到五十歲，都還有人在打棒球！只要你不放棄，永遠都可以打球，永遠有希望。」

媽媽摸摸小熊的頭髮：「你也是，不要放棄，你也是台灣未來的希望之一喔……」不知道小熊聽懂多少，但是，今晚媽媽真的要謝謝在威廉波特的中華台北少棒隊小將們。也許結果是輸了，也許很多台灣同胞沒看到你們的努力，但是，你們在鏡頭前流著汗與淚的努力精神，融化了遠在肯塔基鄉村裡，一個棒球少年冰封的心……

小熊說，他明天起要和媽媽練投球了。然後，安然入睡。

Part 3. 我的幽默媽咪

誰的床邊故事時間？

小熊坐著唸書，媽媽躺著聽，如果遇到不會的生字，媽媽再指點一下。說也奇怪，小熊自己唸故事，比被動的聽媽媽唸故事要來勁多了。他總是很榮幸的期待多唸幾個故事給媽媽聽，媽媽當然樂得躺在一旁享受，還能提高熊兒的閱讀能力，一舉兩得。

床邊故事果然超催眠的。五歲的小熊與媽媽很享受床邊故事時間，每次故事還沒講完就先打呼了。

不過真實場景是：

講故事者：小熊哥哥。

聽故事者：打呼的熊媽。

記得朋友曾推薦一本書《餵故事書長大的孩子》，熊媽覺得很不錯。孩子多聽故事當然是好的，不過**如果能讓孩子唸故事給媽媽睡覺，不是更能彰顯我國的二十四孝精神嗎？**

五歲的小熊在美國上Kindergarten之後，已經會自己唸簡單的故事了。為了讓小熊自立自強，發揚固有孝道思想，媽媽有天睡前問小熊：「小熊，媽媽覺得你好會唸書了喔**！現在開始換你來唸故事給媽媽聽**，好不好啊？」

「當然好呀！」小熊覺得自己又被賦予一項重責大任，是Big boy了，拍著胸膛開心的說。

所以小熊坐著唸書，媽媽躺著聽，如果遇到不會的生字，媽媽再指點一下。

說也奇怪，小熊自己唸故事，比被動的聽媽媽唸故事要來勁多了。他總是很榮幸的期待多唸幾個故事給媽媽聽，媽媽當然樂得躺在一旁享受，還能提高熊兒的閱讀能力，一舉兩得。

所以媽媽選了很多適合小熊讀的基本讀物放在床邊。如此幸福了一個多月，差錯還是發生了。

昨晚媽媽又在聽故事兼夢周公時，朦朦朧朧的發現小熊不太會唸這一本故事書，打起精神來檢查一下此書書背上的閱讀難度：Level 1：easy reader（第一階段：給基礎讀者），沒錯啊？

「媽媽，這個字是什麼？」

「Lanterns，燈籠。」

（一分鐘後）

「媽媽，這個字怎麼唸？」

「Café，咖啡廳的意思。」

（一分鐘後）

「媽媽，這些字是什麼意思？」

「Big batch of fries，一堆薯條吧？」

（又一分鐘後）

「媽媽，那這個字是……媽媽……媽～媽～？」

熊媽：「……ZZZZZZZZZZZ」

小熊用手用力推著我的頭，熊媽才不情願的擦擦口水，很不開心的說：

「小熊，**你上課不認真喔！閱讀能力退步了，怎麼這麼多字都不會唸？**」

媽媽把書接過來，第一次認真的看看封面，上面有排大字，嚇得媽媽都醒了：

「WE BOTH READ！Take turns reading with your beginning reader」（中文翻譯：我們一起唸——與你的小小初學者輪流唸故事。）

原來這本書的設計，分左右兩頁，左邊頁的文字比較難，是要爸媽唸，右邊就只有簡單的單字，才是給小朋友唸的。**我家的孝子小熊為了愛睡的媽咪，已經左右兼職，全部都快唸完了！**還被媽媽嫌「唸書不認真」。媽媽趕緊起來抱住小熊，向他解釋一下這本書的特殊設計，並且深深說聲抱歉。

小熊笑著不在意的說：「沒關係，媽媽，我都要唸完了，你再繼續睡吧。」說完他又努力唸了起來。

嗚……小熊，你真是乖孩子。媽媽打定主意了，一定要快快幫你申請第二十五孝啦！

新好男人養成課程，小熊披薩

小熊最近在練習如何拿刀、用力，並用滾刀塊的方式切馬鈴薯及蘿蔔；認識調味香料：薑、大蒜、蔥、八角等。

當他成功的練好滾刀塊，並把馬鈴薯放到燉鍋裡時，那成就感是同時出現在媽媽和小熊臉上的。

媽媽對小熊的教育目標，不是要讓他上哈佛，也不要他成為比爾蓋茲第二，而是要小熊成為一個賢慧的新好男人。

為了讓小熊學會獨立，並且養成勤勞的好習慣（也為了我未來媳婦的幸福），媽媽常常鍛鍊小熊要會廚藝。小熊在美國唸小學，每天下午兩點半回到家後，先吃點點心，再唸幾本書，然後就開始他的新好男人養成課程。

小熊最近在練習如何拿刀、用力，並用滾刀塊的方式切馬鈴薯及蘿蔔；認識調味香料：薑、大蒜、蔥、八角等。當他成功的練好滾刀塊，並把馬鈴薯放到燉鍋裡時，那成就感是同時出現在媽媽和小熊臉上的。

然後，小熊又開始學著幫媽媽包水餃，本來小熊很堅定的要求，他要沾水、包餡、捏皮全部自己來，可是試了一下，發現要拿捏餡的分量，和捏一個漂亮的水餃，真的不是一個四歲半小男孩的手可以精巧做到的。他開始有點沮喪。

媽媽鼓勵他說：「沒關係，小熊，你可以幫我的餃子皮點水啊。」小熊很賣力的照做了，所以媽媽只要負責包餡就好了。兩人分工，真的很快。

第三堂課我們上的是：做百分之百Home-made（自製）披薩。

準備工作如下：中午時媽媽先發好披薩麵糰，內容為三杯麵粉+3/4杯水+1/2小匙酵母。等小熊放學回來就可以做麵皮了。小熊很開心要做披薩，自己一回家就穿上媽媽三年多前幫他在台灣買的廚房圍裙。（全家還沒飛到美國前，媽媽就已經在心中規劃新好男人計畫了，所以買了一件四至五歲小朋友穿的圍裙。很有遠見吧？）

然後小熊再拿出他的專業級擀麵棍（實際上是玩培樂多黏土用的小孩子擀麵棍！）努力的揉麵、擀麵。還好，因為常玩黏土，所以小熊的基本功不錯，很快就揉出圓形的麵皮了。

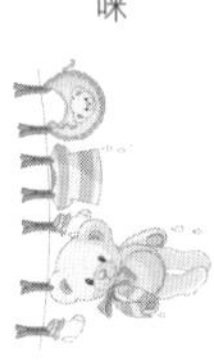

小熊突然糾正媽媽說：「媽咪，真正做Pizza要用丟的啦！」

對喔！真是教育成功，小熊最愛看的童書，有好幾本都提到丟Pizza的製皮過程，當然要練練丟皮的真功夫囉！（事實上是他很想玩。）

嘿咻～嘿咻～皮丟好了，就是抹油、塗番茄醬，加上媽媽準備好的好料：起士絲、玉米粒、自己家種的甜番茄丁，還有台灣大蒜香腸片。噹噹！小熊披薩完成了，只剩進烤箱練功了。

烤箱預熱在450度F，然後烤十五分鐘。在烤的同時，媽媽把烤箱燈打開，讓小熊和弟弟從爐外觀察烘烤過程。小熊親眼看著起士融化、香腸彎曲起油泡，都好興奮的說：「哇，好棒喔！」（外加唾液加速分泌。）

終於等到成品上桌，家裡瀰漫著香氣與熱氣。最重要的是，這些自製披薩上面的配料超級多的！自己吃當然放料要很豪邁。

小熊先試吃，聞香隊弟弟則是等不及了，自己拿著披薩刀敲桌子，還不太會說話的他說：「哞～哞～（More）！」

披薩的料其實暗藏玄機。由於小熊不愛吃番茄，媽媽偷偷把熊族菜園自家種的白番茄（真的有白色品種的番茄，來美國才知道。）先用糖醃、切丁，鋪在Pizza頂端，配上Sharp Cheddar起士、蒜味香腸，口感十分滋潤多汁，不但小小熊吃得哞哞叫，小熊哥哥也根本吃不出媽媽偷偷加了番茄在裡面（媽媽偷笑中）。真是大成功。

算算成本，**五個Pizza**（大小為兩個中型、三個小型）**大約還不到兩元美金**（台幣七十元不到），**真是太划算了！**小熊自己也很有成就感，母子約定：「熊族披薩教室」一定常常開課！下次我們要試試鳳梨雞丁口味，或是日式照燒雞丁。

謝謝你的幫忙，小熊。希望將來你長大出了遠門，媽媽不在你身邊時，自己也不會餓肚子喔！

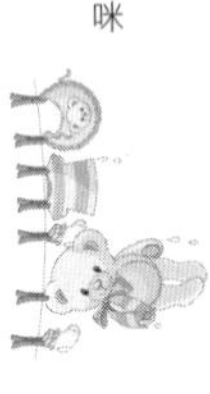

自然教室：可愛小園丁，耕種一畝地

我們一起把秋天枯黃的番茄與豆子連根拔起，再用鏟子及鋤頭整地。小熊穿上他自己務農用的膠鞋，一鋤一鋤的把泥土塊打碎。他說，老師告訴他這樣根才能伸進土裡，好呼吸。

二〇〇七年的春暖花開，蟄伏已久的冬眠小熊們，開始在院子裡跑來跑去，學媽媽拿鏟子東挖西挖。為了不讓他們打擾菜園裡重要的長工：小蚯蚓們的生養作息，媽媽決定找些事讓他們一起參與，希望也機會教育一下，真正實作的自然科學課。

先給五歲的小熊哥哥買了新的園藝用兒童小手套、兒童小鏟子，又讓他自己選了一些夏日開花的球莖，以及盆栽用新土（Potting Soil），讓小熊開始學習如何育苗。

小熊很興奮他可以正式參與園藝工作，去年他還只能幫忙澆澆水而已。最近媽媽發現：今年他在Kindergarten的科學（Science）課程裡，已經學到一些植物的生長概念。**科學，不能只是紙上談兵**，還要親自操演，所以當他聽到媽媽讓他自己培育植物時，只見他雙眼發亮，躍躍欲試。覺得自己真的長大了！

小熊自己選的夏日球莖，是荷蘭進口的Hardy windy flower，先要泡水四十八小時後再種到土裡，戶外直接栽種要三月底。肯塔基的三月還是很冷，我們決定先室內育苗，等霜害完全過去後，再轉植到前門的花園裡。

除了球莖類的花朵，媽媽也試著培育其他一些Annual的花苗，從種子開始「孵」起。**小熊對於植物種子有這麼多不同型態與大小，感到很好奇，他仔細觀察了很久**。

媽媽也詳細解釋了育苗的意義，然後小熊小心翼翼的幫媽媽把土裝在盆裡，開始撒種子。當天下午，小熊頂著大太陽裝了快二十盆的土壤！

孩子五歲了，果然不一樣。以前幫忙最多三分鐘，然後就吵著要去玩球騎車了，現在除了坐得住之外，也很細心的注意他所做的工作狀況：注意每一盆土壤的高度、補土時不讓土掉到盆外。**園藝，也是磨練孩子耐心與細心的好工作！**媽媽很開心的看到，綠樹底下坐著一個細心的小園丁。

一回頭，莞爾的發現，還有另一個小小園丁，正在幫媽媽剛轉植出來的荷蘭芹，認真的灑水呢！

在美國春夏的農忙，應該不會寂寞了，因為有兩個可愛又喜歡忙碌的小園丁幫忙，媽媽真開心。

夏天來了，花開得十分美麗，慢慢的，秋之腳步也走近，然後，在小熊哥哥掉下第二顆乳牙的那一天，他有了屬於自己的一塊地。

事情很巧，那天下課時，他興高采烈的衝出校門，一上車就要媽媽看兩樣東西：他剛掉下的第二顆乳牙（被學校老師細心裝在乳牙袋裡），還有自然科學課種出來的花苗一杯。

回家後，吃吃點心，看看書，媽媽說要去清除夏天的一些過季蔬菜，順便趁雪還沒來之前，種一些秋季耐寒的青菜。由於小熊剛在學校成功育出花苗，他興致勃勃的說：「我也要去幫忙！」

於是我們一起把秋天枯黃的番茄與豆子連根拔起，再用鏟子及鋤頭整地。小熊穿上他自己務農用的膠鞋，一鋤一鋤的把泥土塊打碎。他說，老師告訴他這樣根才能伸進土裡，好呼吸。

問題來了，當媽媽找出一大袋各式種子，挑選出耐寒的青江菜及小白菜時。**小熊看了一下其他種子，大聲宣布：「媽媽，我不要種那些，我要種蘿蔔和蕪菁（Turnip）。」**

媽媽一時之間懷疑自己的耳朵，小熊何時對種菜也有自己的主見啊？以前種花種菜，都是媽媽來選，小熊總是開心的附和幫忙。

小熊義正辭嚴的說：「我讀過《Big Turnip》這本書，我想種種看，還有蘿蔔！」

這下媽媽很為難，青江菜及小白菜是計畫要種的菜種，而且蘿蔔與蕪菁我們家比較少吃，媽媽試著說服小熊改變心意，但無效。

轉念一想，我們家的菜圃其實還有兩小塊地，種的是已經收成的蒜及香草，雜草開始大舉侵犯，欠缺整理。

媽媽問小熊：「那裡有兩塊小菜圃，如果你願意自己整地，自己照顧，媽媽可以送給你！」

小熊開心的跳起來：「好！我要自己種我的東西！」

弟弟也很有義氣的，拿了小釘耙來幫忙，於是兩兄弟犁地翻土，開闢出自己的小菜

圃。

小熊擦擦汗說：「我可以撒種子了！」倒出種子，他把右邊的那塊地種蘿蔔，左邊種蕪菁。小小熊弟弟要幫忙撒種，可是小手還不會合掌，哥哥倒的種子都從指縫中掉出來。哥哥很不開心，不許弟弟幫忙播種了！

弟弟忙了半天，最好玩的卻無法參與，他小嘴一扁，馬上抽擠出幾滴委屈的眼淚。媽媽趕緊說：「弟弟來媽媽這裡，跟媽媽一起種青江菜吧？」

媽媽幫弟弟的手掌合起來，倒下如原子筆尖般黑色細小的青江菜種子。弟弟小手一揮，順利把種子送到自然之母的懷中，再用小釘耙覆蓋表土，大功終於告成了！

兩兄弟手舞足蹈的開心不已，合力拿著大水管澆水。**小熊更覺得自己不同了，這是他人生裡的第一塊田地，一塊夢土。他的眼中都是幻想，期待他與弟弟合唱〈拔蘿蔔〉的那一天！**

小熊，你也開始有自己的理想與堅持了，媽媽為你高興。在夢想實現，高唱〈拔蘿蔔〉之前，記得要好好澆水、施肥喔！

地主媽媽上

少林無用？論兒童的才藝功能性

當初讓小熊學少林拳，理由很單純，就是要強身，學會保護自己，並且也算學學先人的文化，這個動機再單純也不過了！

怎麼現在學才藝，還要考慮孩子的前途，還要看未來有沒有發展性或利益？有這麼嚴重嗎？不過反過來想：我是不是一個太天真的媽媽？怎麼都沒幫孩子想過這些呢？

最近去一位家境富裕的台灣太太J家作客，只見她家中都是從大陸運來的原木家具、字畫，佈置豪華美觀之外，最顯眼的，莫過於她一雙兒女琳瑯滿目的獎盃與獎牌，放在豪華客廳最醒目的地方。

她女兒從小學習舞蹈，目前十一歲，還參加過美國才藝小姐選美，牆上掛滿她的榮譽照片。照片

裡的女孩臉上有著濃妝，感覺很超齡的打扮。兒子七歲，有打棒球、練跆拳、下西洋棋……無數的獎盃，多到令人咋舌。眾人稱羨，女主人的欣喜與驕傲，臉上藏不住。

席間，熊媽無意間說到小熊每週練一次少林拳。

J太太馬上很內行的問我：「少林拳……有國際比賽，或正式的制度嗎？」

「嗯……我不知道耶，小熊他很喜歡，我就讓他學下去了。」

「這個不好，不如換練跆拳道！」

「嗄？」

J太太以很過來人的口吻繼續說下去：「**我讓孩子學才藝，一定要看未來有沒有發展性或利益**；像跆拳道好了，有國際正式組織，還是奧運項目，孩子學下去才有前途。少林拳？沒聽過，孩子練這個沒有什麼獎牌可拿，也不會有好的發展的啦。」

她還很熱心的幫我介紹跆拳道館，可是，熊媽心裡震盪了一下。

震盪什麼？對，本意、初心。當初讓小熊學少林拳，理由很單純，就是要強身，學會保護自己，並且也算學學先人的文化，這個動機再單純也不過了！怎麼現在學才藝，還要考慮孩子的前途，還要看未來有沒有發展性或利益？有這麼嚴重嗎？不過反過來想：我是不是一個太天真的媽媽？怎麼都沒幫孩子想過這些呢？

想著想著，少林拳下課時，我帶著小熊走出教室。正好遇到市立圖書館一位十分友善的館員吉米，他穿著一身全黑的少林服裝，黑腰帶，開心的哼著歌與我們擦身而過。

「吉米？你怎麼在這裡？」我驚訝的叫住他。

「喔……嗨！你兒子也來學少林嗎？」

「對啊！」

「這位少林拳的鄭師傅，實在是位好老師！我以前跟他學了好久的太極拳，現在我也要開始練少林啦！你看，我是黑帶喔……小熊弟弟，你也加油！」

一位金髮藍眼的美國人，告訴我他學少林拳有多開心……這，就是答案了吧！

小熊，媽媽也沒希望你拿什麼世界武術冠軍的獎盃，只要你能像吉米叔叔一樣，一直

開心的練拳下去，這就夠了。

有了許多獎盃獎牌及掌聲，就是人生光明前程的保證？人生總有谷底，當人生陰暗時期來臨，**沒有獎盃與掌聲的肯定時，又該如何承受冷酷的現實、排遣滿腔鬱悶的心情？**

我大概是個不受教的媽媽。學才藝也要以功利為導向，真是做不到啊！

讓孩子從小培養一個興趣，將來不論處在人生的高峰或低谷，都有可以獨處，可以由自我得到快樂的方法，這才是學習才藝的真義吧！

珍惜自己賺來的書

也許我是個小氣媽媽，但是我的孩子可以學會：賺錢不容易，而用自己血汗錢賺來的新書，更值得珍惜！

希望小熊能學習獨立，靠自己去了解金錢的價值，與努力的真義。自己辛苦收穫得來的果實，嘗起來定會加倍的甜美！

小熊的學校本週舉辦書展，上週學校就寫紙條請我去幫忙。

我才想起，開學時我選填「義工媽媽志願表」時，特別勾選了書展幫忙這一項，原因是我很愛書，同時也可以觀察去買書的孩子，及書市的現況。

書展，其實是學校和某出版社（Sholastic）合作，為了幫學校募款舉辦的活動，地點在學校圖書室裡。說到買書，前兩年小熊都用媽媽給的錢，買一些喜歡的文具和書。

今年不同，他只買了一本書，而買書的錢都是他自己辛苦賺來的。

事實上在一週前，為了體驗美國生活，熊族辦了一場草地拍賣會（Yard Sale，類似台灣的二手拍賣會），邀請了四個家庭一起參加（台灣與日本都有），很多好朋友來捧場。我們一面賣東西，一面閒聊天，天南地北，好不開心！

也許是廣告還可以吧，還沒正式開始，就有顧客登門詢問，今早六點半就有客人來看狀況。美國人有人很瘋Yard Sale，我也體會到老外殺價的功夫有多厲害，不過一切尚稱順利。我們當然沒有大賺一筆（說實話，Yard Sale真的賺不了什麼錢），但是也有不少的收穫，至少家裡清出許多空間來。

值得一提的是：小熊利用這機會，自己叫賣自製的檸檬汁。不過由於天氣冷，生意其實很不好，一杯0.25美元，獲利也不高。

他為了多賣幾杯，自己用紙箱畫了檸檬汁的招牌。每當有車子開過我家門前時，他就會追著車子，努力的揮手大叫：「檸檬汁！檸檬汁！二十五分一杯！」

在十幾度左右的寒流裡，小熊兩天的收入總共約六美元。錢並不多，不過他本人很開心，自己辛苦的成果可以去買書了。

那幾天裡，都可以看到小熊望著玻璃瓶裡的錢幣，開心的想著他的新書。

學校先發了書展書單回家，自己可以寫下一張「許願清單」（Wish list），與媽媽討論。小熊選了三本書，一本與電玩有關，一本是介紹昆蟲的圖鑑，另一本是一個男孩的圖畫日記《Diary of a Wimpy Kid》。

前兩本被媽媽刪除了，因為預算不夠，而且圖書館可以借到。雖然被刪了兩本書，小熊很聽話，帶著錢去上學買書，回家後開始猛K他的新書。

自己的血汗錢買來的書，唸起來果然是津津有味。厚厚一本書，兩天唸完！

書展第三天，該媽媽去學校幫忙時，開始對小熊感到有點過意不去，因為校方請我去顧結帳攤位時，正好是四年級A班學生的買書時間，當場我看到以下狀況：

1. 孩子們有的出手很闊綽，一買就是好幾本書，外加可愛的小文具、海報、面紙夾……難道他們沒有預算壓力嗎？

2. 有的爸媽還要求孩子現場多寫一些許願清單，準備聖誕節時給他們買禮物用。

坐我隔壁的義工媽媽，因為以前是圖書館員，也很愛書，她笑著說：「我以前聖誕節的禮物裡面，一定有書。如果我的女兒也寫了書在許願清單裡，我應該都會買給她吧。」

我突然有點慚愧。小熊寫了三本書當許願清單，我告訴他不可以浪費，也沒加錢給他，只讓他用自己賺的錢去買了一本書。

我是個小氣媽媽吧？

這時有一個很清秀的男孩走過來，拿了一袋零錢，他買了一本書7.99美元，只見他努力在我面前數銅板，然後湊出一大堆零錢給我們。

手上的書正是小熊用自己的血汗賺來的。

我好奇的問：「這些錢是哪來的？」因為一般孩子多半是用整鈔來買書。

「當然是我自己慢慢存的！」他很驕傲的說。

然後他接過新書，小心翼翼又滿臉欣喜的轉身離去，與之前出手大方的女孩卻隨意接過書的樣子，大大不同。

是的，也許我是個小氣媽媽，但是我的孩子可以學會：賺錢不容易，而用自己血汗錢賺來的新書，更值得珍惜！

希望小熊能學習獨立，靠自己去了解金錢的價值，與努力的真義。自己辛苦收穫得來的果實，嘗起來定會加倍的甜美！

打造悠閒暑假計畫

小時候有一年暑假，熊外公正好軍旅退休，賦閒在家。他開始帶著小學生熊媽，在後山抓蝴蝶、賞花、看樹，那可能是我一生最鮮明難忘的暑假回憶。有父親陪伴的那個暑假，即使是發呆、看毛毛蟲、聽蟬鳴……每一刻都鮮明、每一秒都開心！

所以熊媽決定，還是給小熊哥哥安排一個悠閒暑假吧。

小熊在美國小學的暑假，從六月一

崔特（右三）與他的教練爸爸在足球賽後。

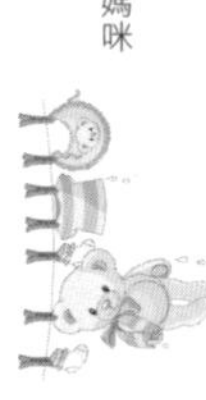

日正式開始，一直到八月十六日結束，整整兩個半月要待在家裡。媽媽從四月就已經開始傷腦筋，到底要如何幫小熊安排一個有意義的暑假呢？

美國小學暑假沒有「暑假作業」這回事。好多華人朋友在上班，所以送到全天性的托育中心（Day Care），安排暑假不是問題。沒上班的父母，也想盡辦法把孩子的每一週都填滿滿的：各種網球、籃球、足球、游泳、棒球等夏令營；或是舞蹈、繪畫、音樂等才藝班。

聽了許多華人父母的暑假安排，讓熊媽聽了咋舌暗想：「暑假的孩子，好像比平時上學還忙耶？是不是只要不要來煩爸媽，最好？」

老實說，熊媽本來只想好好讓小熊在家種菜、到公園騎車、打球、游泳就好（去年也是如此）。但是**華人圈很小，同儕壓力湧現，漸漸的，媽媽也開始焦慮：「小熊這樣會不會算是無所事事、虛度光陰啊？」**

最近我們去看了小熊好友崔特的足球賽，才有另一種新的想法。

崔特爸媽有三個兒子，他們都在本城YMCA學足球，爸爸正好是那裡的足球教練。小熊從沒看過少年足球賽，所以有一天媽媽帶兩隻熊兒，去YMCA的足球場開眼界。

到了現場，只見一堆小人兒在大草地上，追著一顆小球跑來跑去，有時你踢我、我踹你。熊媽覺得幼童足球有點好笑，不過小熊看得很開心，因為他的摯友崔特總是能一直進球得分。個頭小小的崔特，跑起來卻超級快的，靈活又聰明。每次他一得分，都讓小熊覺得與有榮焉。

比賽結束後，小朋友分別與對手擊掌，然後小熊與崔特到一旁玩足球。崔特的媽媽達莉，是個溫和友善的人，她在等下一個兒子的球賽時，熊媽和她閒聊幾個孩子的暑假計畫。

由於崔特的父母都要上班，所以熊媽問她為三個孩子安排了幾個夏令營。想不到她說：「一個也沒有耶……我打算請年假，在家陪孩子好好玩一玩！暑假本來就是給孩子玩樂的時間啊，平時他們上課也夠辛苦了。不是嗎？」

她看我一臉不可思議的樣子，就勉強笑著加一句：「也許崔特可以跟小熊去上幾堂游泳課喔。」

暑假本來就是給孩子玩樂的時間，這點與熊媽的想法不謀而合。

記得小時候有一年暑假，熊外公正好軍旅退休，賦閒在家。他開始帶著小學生熊媽，在後山抓蝴蝶、賞花、看樹、盪鞦韆，那可能是我一生最鮮明最難忘的暑假回憶。其他的暑假是怎麼過的？我都已經淡忘，但有父親陪伴的那個暑假，即使是發呆、看毛毛蟲、聽蟬

鳴……每一刻都鮮明、每一秒都開心！

所以熊媽決定，還是給小熊哥哥安排一個悠閒暑假吧！以下是小熊哥哥的暑假計畫。

1. **每天例行**：幫媽媽澆花、種菜、在家玩直排輪、與弟弟打棒球、玩水槍！

2. **學習計畫**：每週跟媽媽學兩次中文課，一次「山熊音樂教室」課。每天睡前唸英文書給媽媽聽。

每週三下午去學一小時的體操入門（Gymnastics）：學鐵板橋、拉筋、後翻與側翻等，因為小熊看了太陽馬戲團的DVD後，立了大志，他說將來長大要去「馬戲團」！為了讓他圓夢，熊媽讓他先去體驗一下。

每週四下午去學一小時少林拳，小熊有時也說他想當忍風戰士（Power Rangers），為了讓他沉心定性，外加健身防身，學中國武術最好了！

3. **參加兩～三個半天的Camp**，如教會舉辦的籃球營、健身營，不用排滿整個暑假，但是也不排斥。

就這樣，其他時間就是與媽媽和弟弟去公園、游泳池或書店玩樂！

期待一個快樂暑假的來臨。

為何他們不來我的派對？淺論友誼

媽媽沒有安慰小熊，因為讓小熊體驗這些感覺也是好的。讓他知道：這世界不是繞著他旋轉的。我們不能預測別人對自己的好惡，唯一能做的，是自己先做一個夠朋友的人。

小熊的六歲生日要到了，本來媽媽不想勞師動眾，只想小小的自己慶祝一下，不過想到明年此時，我們很有可能不在美國了，所以還是體貼孩子，讓小熊自己選要請的朋友，辦一個只有男孩子的生日派對。

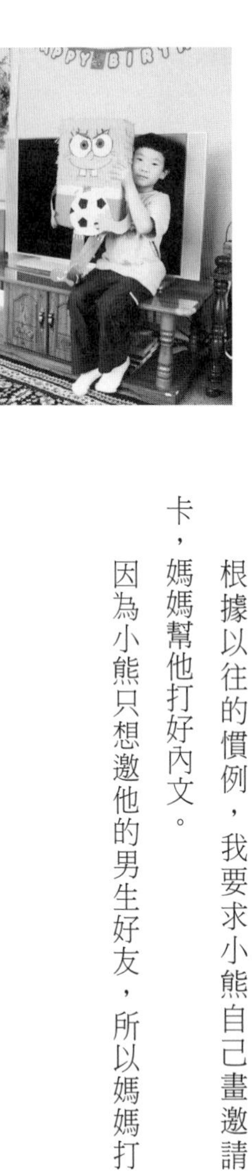

根據以往的慣例，我要求小熊自己畫邀請卡，媽媽幫他打好內文。

因為小熊只想邀他的男生好友，所以媽媽打

算規劃一個「運動明星派對（All Star Party）」。派對內容及裝飾，都以運動為主，穿插運動類的趣味小遊戲。

小熊自己設計了卡片的封面，不知為何他堅決要畫輛大卡車，可能大車車才能載去他盛情的邀請吧！內頁中，我把小熊的棒球照彩印加框貼上去，點綴出運動派對的氣氛。

小熊的生日在十月初，依照美國派對慣例，我請家長們在九月二十五日前RSVP（要來的事先告知）。

小熊在班上選了五個男同學（此舉經過媽媽再三確認，的確是小熊真的好友才能邀請），另外有一家人出外度假。共六張卡片，在派對的兩週前，媽媽寄出了五張同學的卡片。

等啊等，都沒有回音，媽媽開始擔心了，難道沒有人要來小熊的派對嗎？小熊會有多失望啊！

眼見二十五日就快到了，爸媽心裡開始做最壞的打算，如果沒人來這場生日派對，我們就帶小熊去遊樂園玩好了。

還好，二十四日傍晚，接到三通電話。小熊班上有三個男生要來派對，我告訴小熊這個好消息。

小熊卻沒有高興的表情。

他不解地問：「可是……還有麥可和艾文呢？」

小熊記憶力真是超好的。

「為何他們不來我的派對？還有一封信你也還沒寄啊？我還想請BOBO和Jenson姊弟！」

媽媽有點難以解釋。不打電話來或沒回音，其實有很多可能的。

可能的情況有：**忘記回了、沒收到信，這都是好的原因**；當天別人可能早已排了計畫，也是很有可能的。或許是家長考慮到文化的隔閡，或許是父母不熟我們背景而有所顧慮？**最怕的是：你的朋友不像你想像中的那樣「朋友」**……他就是不想來你的派對。

所以，我選擇只解釋前半段理由給小熊聽。

小熊還是很失望，因為他從沒想過，熱誠的邀請，也會遇到無聲的回應吧。

不過媽媽沒有安慰小熊，因為讓小熊體驗這些感覺也是好的。讓他知道：這世界不是繞著他旋轉的。我們不能預測別人對自己的好惡，唯一能做的，是自己先做一個夠朋友的人。

當你值得時，朋友就會來，而沒來的，可能是緣分淺、可能是不得已，更可能有一些你不會想知道的原因。所以，**交朋友，雖要肝膽相見，更需要用平常心去看待**。

想到以前，媽媽也曾為「熱情熱心，換冷淡冷漠」等友誼之事，掉過許多眼淚。如今想來，也能不再執著的去面對了。長空不礙白雲飛，友誼，只要能做到不愧於己就夠了吧。

媽媽有兩段關於友誼的格言，要送給六歲的小熊。

真正的朋友，在你獲得成功的時候，為你高興，而不捧場。在你遇到不幸或悲傷的時候，會給你及時的支持和鼓勵。在你有缺點可能犯錯誤的時候，會給你正確的批評和幫助。我們應該這樣要求自己的朋友，這樣的友誼才是真正可貴的。——高爾基

人的生活離不開友誼，但要得到真正的友誼才是不容易；友誼總需要忠誠去播種，用熱情去灌溉，用原則去培養，用諒解去護理。——馬克思

在派對之前，我們還有好多事要做。要自己做派對佈置品、準備餐點、規劃遊戲內容。天底下，沒有白來的派對，也沒有白來的友誼！希望小熊能慢慢體會這一點。

與朋友一同分享光榮與快樂

小熊，你真的長大了。學了這幾年的運動，不但體能上有了進步，你也了解到：真正的運動家精神，是不光想要去獨占鰲頭，而是要與朋友一同分享光榮與快樂！

媽媽也想告訴你一聲：「You did a great job!」

小熊的六歲生日，我們為他舉辦了一場全是男孩的派對，而邀請也有了善意的回應。

美國孩子的生日派對，似乎一定要有個主題，小熊的好友崔特就辦了場「海盜派對」，小熊被畫了個大鬍子才走出派對，不過他開心得很。

當然，想要女兒的熊媽也想過辦個公主派對、湯瑪士小火車派對，或是忍者龜派對，不過苦思良久後，為了提倡優良正當的休閒運動，發揚熊族的新生活精神，熊媽最後設計了一場「ALL STAR明星運動派對」！

地點就在熊窩後院，裁判請來最愛小熊的史黛西阿姨及安迪叔叔夫妻檔。參賽者有小熊的同班同學四人，崔特、麥可、亞當及塞克，及來自台灣短期參觀訪問的葉氏姊弟。

熊媽設計的比賽項目有：

1. 射飛機比遠。
2. 丟水球比賽。
3. 足球搶分賽。
4. 飛鏢圓盤賽。
5. 棒球投準比賽。
6. 「拿球貼小熊」（Pin the ball to Bear!）趣味賽。

我們可是有設立獎勵：大獎一名，得分最高者可拿到「超級好康罐」（Goody box，裡面有好多玩具及糖果，也是小熊看到後一直想要的禮物），及冠軍獎牌一面，其餘為參加獎一份（Goody bag），也是一包糖果及玩具。

由於大家都是老同學了，所以氣氛很輕鬆。男孩子動作真快，聽到要比賽都搶要第一，所以規劃了兩個小時的比賽，一個小時就玩完啦！

每個孩子的運動程度都差不多，只有文弱又戴著眼鏡的金髮男孩麥可表現不太理想，熊媽暗暗為他加油。

今年熊媽自創了一個遊戲，叫「拿球貼小熊」，類似「Pin the tail to dunky」（幫驢子貼尾巴）的遊戲，不同的是，驢子改為打棒球的小熊哥，由大家蒙眼睛輪流把球貼到他的手套裡。在派對的前一晚，小熊幫媽媽在白色卡紙上，畫出好大的主圖，還用彩色卡紙做了棒球，所以這是他最期待的一個遊戲。效果如何？果然獲得滿場笑聲！

六種比賽完畢，辛苦的史黛西阿姨正在加總分時，我們玩起第七樣遊戲。「起死回生海綿足球寶寶＊pinata！」

你問我為何這個Pinata名字這麼長？為了保護地球，響應資源再回收，小熊與媽媽特別又請出去年派對，小熊與媽媽手工自製的海綿寶寶（SpongeBob），換上新眉毛、新運動衣，穿上足球襪及耐吉球鞋、手拿足球，再來被我們打一次！

（海綿寶寶OS：挖哪ㄟ價歹命？）

六歲男孩果然戰鬥力十足，沒兩下，pinata就破了！大夥開心的撿起從海綿寶寶肚

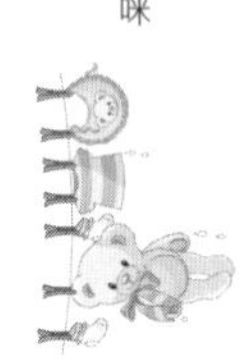

子掉下來的糖果及玩具。

回到屋裡，我們為小熊唱起生日快樂歌，好友們幫他**吹熄蠟燭……恭喜你六歲了，小熊！**

史黛西阿姨私下告訴我比賽結果：小熊最高：二十四分、麥可二十分，其他男孩全部是十九分！媽媽想了一下，頒獎時，還是公布了全部成績。

不過我對小熊說：「小熊，雖然你最高分，但是這是你的派對，他們是為你而來的好友。你願意把大獎分享給第二高分的麥可嗎？」

老實說，小熊一大早就繞著最大獎看啊看，滿臉渴望。我不期待小熊會對這種說法沒有抗議。

想不到小熊只猶豫了一分鐘。**他點點頭，走過去拍拍麥可的背說：「You did a great job!」**（你做得很好！）

媽媽看到戴著書生眼鏡的麥可，露出欣喜又害羞的表情，他開心的接過獎牌及大獎。

小熊，你真的長大了。學了這幾年的運動，不但

左到右依序為：麥可、塞克、亞當、小熊、崔特。）

體能上有了進步，你也了解到：真正的運動家精神，是不光想要去獨占鰲頭，而是要與朋友一同分享光榮與快樂！

媽媽也想告訴你一聲：「You did a great job!」

註：「Pinatas」是美墨兒童生日常見的遊戲。孩子們輪流蒙上眼睛，原地繞轉幾圈之後，拿起棍子朝頭頂上的紙糊Pinata猛打，直到把它打破後，球裡的糖果、玩具就會掉出來，然後小朋友會搶拿掉落在地上的糖果，看誰拿得多。

據說「Pinata」還是從中國傳到西方的：當年馬可波羅看到中國人在新年的時候用紙糊成牛隻，塗上鮮豔的色彩，在上頭裝飾鞍繩與牛轡，然後用棍子擊打，直到填充在裡頭的作物種子掉出來。接下來，人們把那些東西燒掉，把灰燼收集起來，象徵收集未來一年的好運氣。

這習俗於十四世紀傳到歐洲，然後西班牙的教士把它帶到北美，其間不同的文化會有些微修改，不過祈求好運的意義不變。如今變成美國小孩生日宴會中常常出現的餘興節目。

Part 4. 當我回到台灣

給八歲的你：生日與多讀一年的意義

爸爸媽媽一直不曾正式告訴你曾被給予Gifted這名詞，是因為我們深深體會到：太早或太多的掌聲，會讓你忘記真實成功背後的辛勤努力。

此外，任何人都不能、也沒資格類別你、歸納你，尤其在你還小的時候。只有你才能告訴這世界：「我是怎樣的一個人！」這些都是將來長大後，自己去證明給別人看的事情，現在又何必急著畫地自限呢？

小熊，今天是你八歲的生日。提著乖乖桶上學的你，臉上的表情竟是落寞。

我知道，你也知道，這次生日與之前的七次，有多大的不同！離開了成長六年（幾乎是你的一生）的地方、離開了你的好朋友們、離開了喜歡的學校、熟悉的老師，回到爸媽的故鄉來求學，雖然你也慢慢適應了，但是心中總有些疑惑與壓抑。

最近你問我兩個問題，媽媽一直在想如何回答你。

你說：「真不公平，為什麼崔特都唸三年級了，我卻要重唸二年級？」

你也說：「為什麼我沒有生日派對了？我好想請朋友來玩……」

關於第二個問題，媽媽比較容易（但又不好意思）回答你，記得去年你七歲生日，我們有約定過，這次是最後一次辦生日派對了！

你的生日，總是有許多好友來祝福，媽媽也都親手做一個蛋糕給你。其實比起許多孩子，你已經擁有許多美好的生日回憶了。今年，我們從美國搬回台灣，宿舍的廚房很小，媽媽不能買烤箱，所以親手

返台前，小熊同學為他舉辦了送別會。

烤蛋糕給你這慣例，很抱歉，這次做不到了。

媽媽剛重回職場，除了家事、公事，還有班上班親會的事務要忙，你在社區裡認識的小朋友不多，台灣與美國民情也不同，所以也不敢貿然請人家來家裡開派對。

雖然我知道你提著乖乖桶去學校的感覺，與美國開派對的感覺差很多，但是**你也漸漸長大，該體會生日真正的意義，不只是禮物、不只是美麗的彩帶和氣球、不只是朋友狂歡，而是如何好好善用爸媽給你的生命，活出精采的人生！**

朋友和禮物都有消失的時候，爸媽也有離開你的一天，要如何在人世間自處？活出真我與意義？你還小，還有很多時間去好好體會，希望你能開始反思這問題。

關於第一個問題，我知道你心中困惑了很久。

本來如果我們留在美國，今秋你就是三年級的學生，還被選上萊城的資優生計畫，可以提前去學四年級的數學與科學了！結果現在的你反而還降了一級，又當一次二年級學生。

你心裡感到不平、有挫折感，是很自然的事情，媽媽能夠體會。但**也請反過來，想想這重來的一年，你可以多得什麼東西。**

多讀一年的書，並不會喪失什麼學習的利基。事實上，因為你現在是二年級，上半天的時間多，所以才能參加五個課外活動：圍棋、直排輪、科學營、弦樂團及打擊樂。

這些活動是你自己選的，也深深樂在其中。如果你現在在台灣或美國唸小三，就不會有這麼多時間去探索這些有趣的事了！

此外，你自己也說過：「我的中文好爛……」這段日子你是很努力了，學中文與學英文，有多麼的不同！如果貿然把你丟入三年級的國語世界，你不會感到更多的挫折嗎？

學習之路很長，人終其一生都要學習，所以媽媽希望你能踏實的走，穩健扎根，不用急著跟別人賽跑，更不用想跳級學東西。現在的資優，可能是將來的壓力與平庸。

爸爸媽媽一直不曾正式告訴你曾被給予Gifted這名詞，是因為我們深深體會到：太早或太多的掌聲，會讓你忘記真實成功背後的辛勤努力。此外，任何人都不能、也沒資格類別你、歸納你，尤其在你還小的時候。只有你才能告訴這世界：「我是怎樣的一個人！」這些都是將來長大後，自己去證明給別人看的事情，現在又何必急著畫地自限呢？

人生有無數的可能，好好享受你能夠快樂的童年時光。希望將來哪天人家問起你回憶最深的童年往事時，你的回答不是：「我曾經是個Gifted student！」而是：「我回台灣唸小學後，一學期參加五個社團！而且，每一個都好玩極了！」

生日快樂，小熊！謝謝你陪爸爸媽媽走過七年美好的歲月。你帶給我們的歡樂，無與倫比。

妖魔或陽光？台灣小學安親班有感

在台灣，雙薪家庭是很普遍的現象，安親班成為不得不存在的所在，但是我也了解到：安親班有其積極的意義。

母親們的愧疚，也許還是會存在，但是我們可以做到的，是幫孩子找一個適合的安親班。合理的作息規劃、不要太課業導向、不要上課到太晚，平時有空就多陪陪孩子。

以前在美國時，每次聽到小熊的堂姊堂哥每天上安親班到晚上九點（小五和小二）當時覺得：在台灣的孩子，真可憐！

也看過一位知名的媽媽發表過〈我的孩子不上安親班〉，以及一本書《荳X，不上安親班》，所以在美國的我，即使沒親自看過安親班，印象裡，安親班就是：「父母不負責任、交托可憐孩子去惡補、花錢了事」的負面場所。

這些文章給我的感覺是：去安親班的孩子是不幸的，不用去安親班的孩子，才會有快樂豐富的童年！

我的孩子回台灣後呢？也去了安親班。可憐嗎？未必。且讓我說分明。

首先，美國也有類似安親班的安排，而且就在學校裡面。小熊以前的小學就有，是與YMCA合辦的Afterschool Program，即使在美國中西部，父母也有都要上班的雙薪家庭，這些孩子就留在學校，由YMCA派來的大哥哥大姊姊看他們寫功課。天氣好時，他們也會去戶外玩足球、跳繩、在柏油路上畫粉筆。五點多時，爸媽就會來接他們。

小熊以前和我下課後常去公園騎車，路上就會看到這些同學，他們也很開心的在玩，所以我沒有把這個課程與台灣的「安親班」聯想在一起過。我當時是這麼想的：台灣的安親班，孩子們都在苦哈哈的唸書吧？

回台後，很快也面臨了這問題。熊爸上班，我也為了理想重返職場。可是孩子們怎麼辦？小小熊的幼稚園可以托育到五點半，小熊哥小學卻只上半天，下午他要去哪裡呢？我不能那麼灑脫的說：「我的孩子不上安親班！」可是一想到腦海裡悲慘的印象，忍不住又很擔心，真的要送小熊去安親班嗎？

小熊的狀況有點複雜：週二上全天之後有足球課外活動到五點，週三學校有直排輪、週五有圍棋，都是課外活動，但是週一與週四都是十二點半就放學了，要怎麼安置他呢？小小熊的幼稚園就在小熊哥哥的小學對面，那裡也有設安親班（學校稱為課輔

班），許多小熊的同學下課就排隊走過去那裡。所以，我決定讓小熊去這個課輔班試試看。

有好友告訴我，北市知名的美語安親班，光是註冊費就要四萬元，每個月還要繳八千元左右的月費。還好，小熊去的班是熊爸學校相關單位，註冊費員工只要六千多元，每個月月費兩千四百六十元，雖然只去兩天，我們還是繳了全費。

安親班的作息如下：

12：50～1：40—寫功課

1：40～2：40—午睡或休息（要帶睡袋，不過不愛睡覺的小熊哥從沒睡著過。）

2：40～3：40—收睡袋、吃點心（小熊哥最愛的時刻，因為餐點變化多又好吃。）

3：40～4：30—老師檢查作業，及功課複習，老師個別輔導（如遇月考前夕，則發測驗卷練習。）

4：30～5：30—等待家長接回／自由時間：教室內有益智玩具及童書，孩子可以自行選擇做什麼。

小熊遇到一位很甜美的年輕老師。她姓高，個子也很高，講話輕聲細語，總是面帶微笑，不過，她對作業的要求很有原則。小熊的中文字本來很糟，就是她堅持擦去寫不好的字（不論是數學，還是國文），寫不好的都要重寫，所以現在小熊的字跡端正多了。

關於這點，我以前唸小熊也有兩三年了（他在美國寫作業就很愛鬼畫符！），到安親班一個月後，竟然馬上有戲劇化的轉變，媽媽實在很驚訝。

古人易子而教，不是沒道理的。記得剛開始回台灣自己帶小熊，下課後由我盯他寫作業，卻只見他在書房不是玩玩具，就是看窗外的白雲發呆，不然就是在亂塗亂畫，閃神的時間真多。每次寫作業常要花上兩到三小時（認真寫應該半小時到一小時就夠了！），而且常常讓媽媽七竅生煙，因為每次催他認真點時，他總不當一回事，還會裝模作樣、唉聲嘆氣的說：「喔，我太累了～」

「唉，肚子這麼餓，怎麼寫得下去？」

可是遇到高老師，他的態度就完全不同了，精神集中許多，對長輩的態度更尊重。所以即使他在安親班的時間不長，效果卻不錯，至少寫功課專心多了。

每次我去接他時，他常和同學在玩大富翁、UNO（一種紙牌遊戲），或是自己看看童話書。天氣好時，高老師也會帶他們去戶外的大草地玩耍。小熊與同學在陽光下踢球，玩到大汗淋漓的回家。

晚上就是我們比較有品質的親子互動時間，不用七竅生煙的盯功課，小熊和弟弟自由玩樂、和媽媽練Wii Sport的棒球和網球，或是自己唸唸書。

也許這是個案，但是我覺得：安親班，不全是妖魔化的產物，也會有正面的、陽光的體驗。

在台灣，雙薪家庭是很普遍的現象，安親班成為不得不存在的所在，但是我也了解到：安親班有其積極的意義。

母親們的愧疚，也許還是會存在，但是我們可以做到的，是幫孩子找一個適合的安親班。合理的作息規劃、不要太課業導向、不要上課到太晚，平時有空就多陪陪孩子。兩利相權取其重，兩害相權取其輕，這樣孩子們也是可以有歡樂童年的吧！

不論你的孩子去不去安親班，父母對孩子的愛與期待都是一樣的，在此與所有的上班父母或在家的父母共勉。

志工小記：帶兵出操的幼教老師

我不在乎我的孩子三歲時會不會折衛生紙、會不會把鞋子穿對腳、會不會數到十；只希望他們能快樂的與朋友玩耍、懂禮貌，能開心的去上學，這就夠了。

幼稚園老師不就是需要愛心與耐心？至少，這是身為家長的我，最基本的期待。

最近小小熊幼稚園有「學習闖關」活動，老師問我能不能去幫忙？想想我都在小熊學校當志工，幼稚園我還沒幫忙過，就欣然同意了。

「學習闖關」，顧名思義就是這一學期裡老師教的東西，用一關一關闖關的方式讓孩子一面玩，一面做測驗。例如當天有三歲班的孩子，要闖關的內容有：自己拉拉鍊、自己脫鞋並穿鞋、把衛生紙折兩次變成小四方形、數數字一到十、說出三種水果名稱，並分辨它是長在樹上還是地下（此項為四歲考題）。年紀不同，考題的難度也不同。我負責的，就是三歲孩子的拉拉鍊測驗，和四歲孩子的水果測驗。

闖關的地點都在校舍的戶外，分三天舉行。今天以三歲為主，有三個班，外加四歲的一個班（就是小小熊的班），孩子們輪流到各站去闖關。

第一次在台灣當幼稚園志工，我很高興，也期待著可愛的孩子們向這裡跑來。三歲的孩子，應該是又淘氣又活潑吧？教養過兩個三歲孩子的我，等待著歡笑與跑步聲的接近……

沒有？沒有歡笑聲與跑步聲，只有一群被老師嚴格看管，小心翼翼的孩子們，無聲的接近。他們都戴著口罩，看不清臉上的表情。

「為何要戴口罩啊？」我忍不住問隔壁折衛生紙的老師。

「因為最近腸病毒很流行，三歲的三個班幾乎都淪陷了！四歲的好一些。」

話正說著，他們的導師開始發號施令：「XXX你坐這裡、OO也是……PP你給我過來！**動作快一點……沒吃飯啊？**」

這感覺比較像是在帶兵吧？怎麼口氣這麼嚴厲、缺少耐性？只見她斥喝完一個又一個的孩子，每個孩子都戰戰兢兢，不發一語，但又很有效率的拉拉鍊、折衛生紙。太有效率，也太安靜了，不只一個，而是一群。**讓我不敢相信這些是三歲的孩子，**有點心疼，小熊與小小熊三歲時，這麼安靜的時候，是他們生病的時候。

觀察三個班，三個班都很安靜。

我偷偷問另一位媽媽：「三歲的老師都這麼嚴格嗎？」

「就我所知，學期初，三歲的班已經換了三位老師了，因為壓不住孩子的軟弱老師，就要被換掉。」那位媽媽說。

所以這是勤教嚴管下的成果？迅速、確實。多了嚴明的紀律，卻少了童真與歡樂。有一個男孩做穿鞋測驗時，左右腳穿錯了（其實有很多孩子都穿錯）。我聽到老師在一旁大聲說：「喔……你穿錯了！左腳右腳還是搞不清楚？……你糟糕了！」

那個男孩臉霎時變得慘白，低頭趕快用顫抖的手對調鞋子。

熊媽心裡更難過了。我的孩子在三歲時，多半是左右不分穿錯鞋的，我不覺得有什麼糟糕的地方，等他們大了，自然就慢慢會更正過來。**難道父母們花錢是送孩子來幼稚園參加軍事訓練？只為了讓他們在三歲時早早獨立、自理內務？真的是這樣嗎？**

另一個女孩呆站一旁，老師拉她要去另一關，她反應不及，腳沒有動，偏偏老師眼睛忙著盯其他孩子，左手用力推她的肩膀，「趴」的一聲，女孩摔倒在地上。

「唉呀～妳怎麼不注意一點啊！不要發呆啦！」老師責備的說。

女孩沒哭，安靜的爬起來，默默走向另一區。

是誰沒注意？熊媽不敢相信自己的眼睛。

這裡每一班都二十多人，老師上課的確需要紀律，才能確保孩子們安全無虞，這點我可以了解，**但是沒有耐心的指令與動作，難道因為孩子幼小，就會聽不出來嗎**？是人太多讓老師失去耐性？還是老師已經習以為常的麻木了呢？

突然覺得，孩子還小時，跟著媽媽其實也不錯，至少不用太早上軍訓課。說真的，我不在乎我的孩子三歲時會不會折衛生紙、會不會把鞋子穿對腳、會不會數到十；只希望他們能快樂的與朋友玩耍、懂禮貌，能開心的去上學，這就夠了。

幼稚園老師不就是需要愛心與耐心？至少，這是身為家長的我，最基本的期待。

還好，一陣歡樂笑語打斷我的沉思。小小熊班上的孩子跑跑跳跳的，衝到我的眼前。他們嘰嘰喳喳的你一言我一語，還打打鬧鬧，好不開心。

小小熊的老師慢慢的走過來，笑著對我說：「這麼熱的天氣，謝謝你來幫忙喔！」孩子們開心的測試，分辨水果，搶著回答，然後又像一陣旋風般跑走了！

原來問題的核心是老師。不同的老師，會帶出不同的學生吧。很慶幸小小熊遇到有耐心的好老師，讓他可以在該活潑的年紀就活潑、該歡樂就可以歡樂。可是未來的求學路上，我們的運氣會一直這樣好下去嗎？好老師，真是可遇不可求啊！

現在更體會到：**一位好的老師，對孩子的影響有多麼重要。一言僨事，一人定國，當孩子還是一張張白紙的時候，老師的影響，真是舉足輕重啊！**

多來學校當志工，也是對的，讓我更看清楚一些教育的本質。以為教育外包給學校就沒問題了嗎？身為爸爸媽媽的我們，還是該多觀察一下。

我的母親節驚喜

小熊在一朵花的五色花瓣上寫著：「我幫媽媽搥背、洗碗、倒水、開門、關門！」

以上都是事實，因為媽媽要採買食物，常搬很多東西回家，都是他守著電梯門，不讓媽媽的臉被門夾扁。這些雖是小事，卻讓媽媽覺得很窩心，還有，著色畫也有進步了，媽媽實在感到欣慰。

當我還小，沒有錢買母親節禮物時，都是自己畫一張精美的卡片，送給母親。時光飛逝，換我當母親了。我的孩子還小，他們也沒錢買禮物。畫畫給我，成了他們最大的祝福。

雖然我本身很愛畫畫，但是有點遺憾，我的兒子們不但對繪畫、美術沒有一點興趣，好像也沒有什麼天分。即使我曾很努力的引導他們，始終成效不彰，連著色畫都塗得乏善可陳。

「男孩就是要跑跑跳跳的吧？」我安慰自己。還好這一點他們從未讓我失望，每天像兩隻猴子一樣，跳個不停、嘻嘻哈哈、打打鬧鬧、無憂無慮的過日子。

「孩子平安喜樂，就是母親節最棒的禮物吧！」我再告訴自己。

小熊返台後，第一個小學親職教育日，就在母親節前夕。看完學生們的表演，他拉著我去教室，說要給我一個驚喜。

原來小熊做了手工蠟燭，裡面放了美麗的貝殼、細沙。他知道媽媽最愛紫色，特別挑了紫色素材。拿在手裡，他開心的說：「母親節快樂！」

當場好感動，但驚喜還不只這些，小熊也種了豆苗，已經發芽了，過幾天就帶回家給媽媽。

小熊，你知道媽媽又很想務農了喔？（熊媽在美國就很愛養花種菜）媽媽最近一直在研究台灣的植物，真的手癢很久了……超想拿起鋤頭鏟子，重操舊業。感謝你先幫我育苗。媽媽香一下！

小熊和弟弟在教室玩，爸爸看到牆後面貼了一些著色畫，驚訝的發現：「大熊，大熊，你看……也有小熊的畫耶！」（熊媽默唸：「誰是大熊啊？可惡！」）

一看之下，果然驚奇。老師選了幾個他滿意的作品中，竟然有我家那「沒有美術天分，中文字又很菜」的小熊作品，上面寫的話更讓媽媽感動莫名。

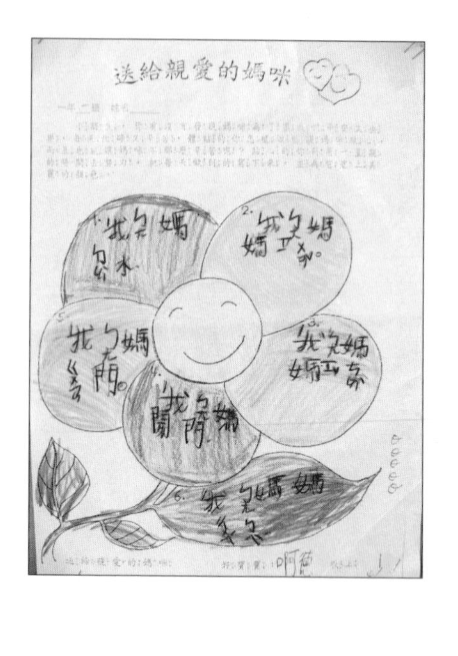

小熊在一朵花的五色花瓣上寫著：「我幫媽媽搥背、洗碗、倒水、開門、關門！」

以上都是事實，因為媽媽要採買食物，常搬很多東西回家，都是他守著電梯門，不讓媽媽的臉被門夾扁。這些雖是小事，卻讓媽媽覺得很窩心，還有，著色畫也有進步了，媽媽實在感到欣慰。

長子窩心，次子呢？唉……傷心。其實他們也有類似的作品展，就在教室門外，上面寫的是對媽媽的祝福與期待。

某日放學我發現這全新的展示，趕快看一下，一看不得了。我該打113婦幼保護專線嗎？好多虐童事件。很多小朋友的願望，竟然是：「媽媽不要再修理我了！」

這願望不只一張喔……真是字字血淚啊。（我想那些媽媽看了這些童言童語，一定會臉上自動冒黑線吧？）

帶著忐忑的心，找到我家小小熊的那一張。好險好險，警察不會來約談我。

小小熊寫的母親節願望是：「希望媽媽帶我出去玩、希望媽媽變美麗。」

不過兒子，你還玩不夠喔？媽媽不是常帶你出去玩？還有，你是在提醒我該保養了嗎？嗚嗚……

進教室接孩子，發現小小熊又在和同學畫畫。他轉身看到我，馬上開心的把畫拿起來，對著我說：「媽媽，你看！我剛剛畫好的，不錯吧？」

媽媽一看又是一個感動，緊緊抱著他說：「這是你畫我喔？還寫了你愛我，還畫了口紅印要送我，對吧？媽媽真開心……」

正想低下頭要給他親一下，想不到小小熊掙脫我的懷抱，不開心的一把搶過畫說：

「不是你啦……我畫的是江小花啦！我一共要畫五張，請她們都到我家來玩！」

熊媽傻眼，老師在一旁嗤嗤的笑著說：「江小花是坐在他對面，一個很漂亮的小女生喔！」

嗄？怎麼會這樣？媽媽的心被刺了一下，不過忍不住繼續問：「你不是畫我喔？那……那……這五個同學，幾個男生幾個女生啊？」

「當然都是女生囉！」小小熊理所當然、沒好氣的說。

所以，我對母親節又多了一層新的體認，那是我四歲的兒子教我的——

男。大。不。中。留。啊！

小小的年記，難忘的友誼

年紀越小，我們所擁有的友誼越真切、越不會褪色。滄海桑田、紅塵流轉，人的一生因美麗的友誼而深刻，因為朋友的存在而不孤單，支持我們堅強的走向下一個未來。

很難忘一位幼時的小朋友。

我都叫她「梁妹妹」，是我對門的鄰居。她有著細細淡淡的淺棕髮色，白白的皮膚，臉上有許多雀斑，還有兩個會微笑的酒窩，全身帶著痱子粉香味。這個小小的可愛女孩，在我腦海裡的身形，一直都是小小的，從沒有長大過。

因為與她分開時，我也很小，跟她一樣是個小小的女孩。我在小熊這年紀時（大約小一）因為搬家離開了她。三十多年後，還一直忘不了她。

記得我們曾發過誓：**永遠都是最好的朋友**。然而在我搬家後，再也沒有見過她一次，如今更是音訊渺茫。人們不是常說，世界很小，一定會再相遇嗎？然而即使在小小的台灣，我還是失去了她，再也找不到她。

有人說，時間會沖淡一切過去，但，事實是，年紀雖小，卻也有深刻的情誼與記憶。

小熊在回台後第一個母親節當晚（二○○九年，小熊七歲半），開始出現劇烈的嘔吐，一開始每十分鐘吐一次，肚子裡什麼都吐光光了，還在乾嘔。

媽媽怕他脫水，要他喝一點電解水，結果每喝必吐，最後連電解水明明都吐光了，胃裡沒東西了，還嘔出一些黃色的膽汁。做母親的，實在很想閉起眼睛，不要再看下去。

夜深了，嘔吐漸緩，沒有發燒，想到去看急診可能逃不了打點滴的命運（我們很反對醫院裡無謂的點滴），還有想到附近的大醫院，病床總是不夠、人又複雜的亂糟糟急診室。爸媽決定，不如在家裡好好照顧，讓他能小睡一下，第二天一早再去看醫生。

深夜裡，小熊躺在床上，有氣無力的呼吸著，我也不知道該說什麼讓他好過些。突發奇想的問：「小熊，**在你最難過的時候，就像現在，除了爸媽，你還想見誰？見了他會讓你開心些**？」

我以為他會說外公外婆，卻只見小熊默默無語。

過了幾秒後，他虛弱的抬起頭來，眼睛直直的望向書架。**書架的第三層，放著兩個棒球少年相擁而笑的合影**。那是我們離開美國時，好友崔特送他的紀念禮物。相框是崔特親手做的，上面用五彩的海綿貼紙貼著：「Best Friends」。

我突然感慨萬千，也領悟到一件解不開的疑惑。為何每次問小熊：在新學校都跟誰玩？誰是他新的朋友呢？

幾個月過去了，小熊總是不回答，只淡淡的說：「我跟很多人玩……」「大家都是我的朋友……」

以前在美國時，同樣的問題可不是這麼含糊的答案：固定玩伴有三至四個，其中一定有崔特的名字。

如今的玩伴，都沒有名字，小熊回答時也避開我的眼睛。

最近崔特的母親寫信給我。她說：「崔特在小熊離開後，不知道哭了幾次……最近他開始試著交新朋友，請他們來家裡玩，但我看得出來他總是覺得不對……我現在才了解：孩子雖小，卻也有這麼深的情感，我很感動，但也為崔特難過。」

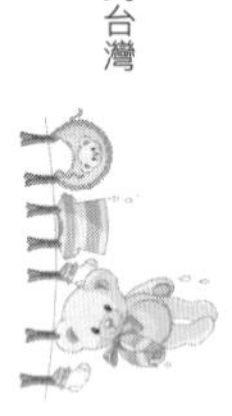

我也是這麼覺得。小熊一直悶在心裡，那個說不出名字的朋友，是無法被輕易取代的，即使想忘也忘不了的。

最近我們終於裝好視訊，兩家測試利用AOL即時通話。兩個男孩終於見了面，卻不知該說些什麼好。小熊一向口拙，與弟弟在電腦前只好把新玩具拿出來給對方看，聊些有一搭沒一搭的話。生活圈不同了，共通的話題也不對了吧。

聊了很久，媽媽們覺得該結束了。

崔特卻推開媽媽，問小熊一句他似乎是想問，卻又問不出口的話：

「現在……你在台灣找到Best friend了嗎？」

小熊搖搖頭，笑著不說話。

我說：「一直是你啊……崔特，你就是小熊的Best friend！」

崔特露出釋懷的笑容。他終於情願的讓媽媽關去螢幕，相約下次再見。

小小的年紀，也有難忘的友誼。應該說，年紀越小，我們所擁有的友誼越真切、越不會褪色。滄海桑田、紅塵流轉，人的一生因美麗的友誼而深刻，因為朋友的存在而不孤單，支持我們堅強的走向下一個未來。

不知我的小小朋友，人在何方呢？願她家庭幸福美滿，願她念我，如我念她。

崔特正在看小熊打棒球。

人生的第一把琴：租借中

白白得來的東西，人總不會珍惜。小熊如果真想繼續練琴，就必須在這幾個月證實他的決心與誠意，否則不但沒有自己的琴，連課媽媽都會考慮停掉。

因為我不想當個逼孩子練琴的母親，雖然小熊從五歲起就表示他想學個樂器，但是我總是一再勸退小熊：真的要學嗎？真的會持久嗎？請你仔細想清楚喔！

小熊在台灣重讀二年級後，開始正式拜師學樂器了。這是他自己的選擇：小提琴。每天早上，我都會走路送小熊到學校，因為成為早出晚歸的長途上班媽媽後，早上的散步成了母子談心的珍貴時光。

社區裡有一個大足球場，我們每天都會經過那塊大草地，一旁秋天的菊花正盛開，幾隻小白鷺鷥常常在草地上漫步徐行。我們喜歡邊走邊聊，聊讀經的進度、聊小熊的安親班、聊小熊開始發作的異位性皮膚炎；不過這幾天最熱門的話題，就是小熊剛開始的「小學課外活動」。

有一天我們的對話如下：

「小熊，昨天開始的弦樂新生團，新老師怎麼樣呢？」

「新老師很年輕、很漂亮，說話很好聽，很親切！」

媽媽聽了，心理吃了一粒定心丸。

「喔？那你們新生團有幾個人？幾個男生？幾個女生？」

小熊有點沮喪的說：

「連我總共五人，可是……只有我一個男生耶，其他四個都是女生耶！」

這樣不是很好嗎？媽媽暗暗想。眾星拱月，雙倍齊人之福，男生通常不都很高興嗎？不過望望小熊的苦瓜臉，看來我家的小男生臉皮還很薄。

「那……有沒有漂亮的女生？」無聊的媽媽笑著繼續追問。

小熊靦腆的想了一下，嘟嘴搖搖頭。

媽媽突然想到一個問題：

「昨天怎麼上課啊？每個人都是初學者，大家都有帶琴嗎？」

「大家都沒有帶啊！只有媽媽你有打給老師，所以她幫我租了一把琴，其他女孩都空手來。所以昨天我們都沒拉，老師只是教認譜，和練手勢。」

原來我是那個想最多的媽媽。**還好我不算直升機媽媽（代步我喜歡輕型機車，所以我該是小綿羊媽媽**，哈！）。雖然想到要先請老師幫忙租琴，不過其他人沒琴，所以小熊也沒練成。

記得與新老師聯絡上時，她用好聽的聲音，輕柔的對我解釋：「可以直接買琴，但是小熊要確定願意好好學琴一年半以上，才合乎成本，不然不如先租一把琴，讓他先試試幾個月再說。」她又仔細問了我小熊的身高，說會幫忙租一把琴給小熊。

小熊拿回小提琴那天，他小心翼翼的打開琴盒，愛憐的把玩許久。然後告訴媽媽正確握琴的方法，這兩天，他有空就拿琴出來，很珍惜的拿好，練習姿勢，試着拉幾聲。

爸爸看了租的琴，有點老舊，很想直接買把琴給愛子，但是卻被媽媽阻止了。

白白得來的東西，人總不會珍惜。小熊如果真想繼續練琴，就必須在這幾個月證實他的決心與誠意，否則不但沒有自己的琴，連課媽媽都會考慮停掉。因為我不想當個逼孩子練琴的母親，雖然小熊從五歲起就表示他想學個樂器，但是我總是一再勸退小熊：真的要學嗎？真的會持久嗎？請你仔細想清楚喔！

在小熊小一升小二暑假時，我們探訪了住在美國矽谷的大舅，每晚我們都被鋼琴聲包圍著，因為家裡有兩個人會練琴：表哥史提芬，還有大舅。

大舅每週一都會去上鋼琴課，據說本來只是陪兒子去。但是後來越聽越有興趣，開始自問：「為何我不能學鋼琴呢？」所以就開始了他中年學琴的生涯。

每晚表哥史提芬都要被父母三催四請的去練琴，上了琴椅卻滿臉無奈……大舅就不同了，每晚下班回家，就主動掀開鋼琴蓋，認真的一曲又一曲的練了起來。

有時手指僵硬，他就會自言自語的說：「今天的琴感不太夠……」

上完鋼琴課回家，他也會說：「今天教了新曲子，我得趕快複習一下！」

就這樣，大舅常常陶醉在鋼琴裡，直到夜深。

以前常聽朋友們抱怨，為了要催女兒、兒子乖乖練琴，不知道掉了多少白頭髮！有時非要等到自己變臉了，孩子們才會乖乖去練一下琴。其實好逸惡勞，本是人類天性，尤其是定性不夠的小孩子，要他們選擇去做功課還是玩耍？答案立見分明。

我雖有心要送小熊練琴，或學樣樂器，而他以前也說過想學小提琴，但我一直很猶豫，因為不希望將來演變成換我去趕孩子練琴。**我拖延到小二才讓他學，是希望他能有真心渴望學琴的動機，或等待他有動機的那一天吧。**

渴望了兩年，當小二的小熊終於拿到租來的老琴，即使有些年紀，他也如獲至寶，愛不釋手。

學習音樂的路是漫長的。我不期待小熊成為帕爾曼或米多麗第二，只希望**讓他培養一個喜好，在人生低谷時能帶來慰藉**。人世間的功名與財富都是虛空的，只有藝術的美善，才能讓漫長人生路上，多些喜悅與價值。希望小熊能藉由練琴，多了解些美好的音樂世界，也學到些耐力與恆心。

生命中一切值得擁有的東西，都是要付出代價的。租借來一把琴，也是生命重要的一課。

返台後，第一場球賽

記得小熊五歲剛踢足球時，我很煩惱的就是：小熊不夠積極、不具攻擊力、不aggressive，原來我的煩惱根本就是不需要的。

孩子會長大，以前小熊在足球場上的退縮膽怯，如今已經隨著體能的成長，煙消雲散。再一次驗證：萬物成長，都有自己的定時，當父母真的不用急啊！

上週五小熊上場比球賽了。回台

灣半年多，我們離球賽已經好遠了。以前整個夏天幾乎都在棒球場上度過，今年我們卻一場球賽也沒有。可能是剛回國定居太忙，但更多的理由是：運動並不是台灣孩子生活的重心。

在台灣，常常遇到長輩問候小熊的話是：「功課還跟得上嗎？有沒有好好讀書呢？」

在美國，小熊最常被長輩問的話卻是：「這一季參加什麼運動呢？有沒有好好練球呢？」

運動，是美國生活很重要的一部分。小孩子的課業雖重要，但是有沒有在運動，似乎是更常被提起的議題。夏天，孩子們打棒球、踢足球、玩飛盤……冬天就是打籃球、室內的游泳或滑雪。

小熊小二上開學時，在學校考跳繩，回家後沮喪的說：「媽媽，我的體能好像退步了？我這次跳得還不如上學期好耶。」

因為你的運動量變少了，媽媽心想。很正常的，**多運動，體能就好，但是小熊回台灣後運動的機會，相對比在美國時少很多。**

最近有件趣事：學校的足球隊號召全二年級的學生，自願性的早晨來學校參加特訓，理由是：要與其他學校友誼賽，十二月還有全縣的足球賽。想到小熊可以活動筋骨，還可以接受足球訓練，早上運動還可以促進腦啡分泌，一舉數得。二話不說，小熊就加入了「足球晨間訓練營」。

訓練了兩週，上週五一大早與鄰校W國小舉行友誼賽，到底特訓的結果如何呢？媽媽也抽空去看了一下。

兩校是利用早自習的時間比賽，校長鼓勵老師可以自由帶每班的孩子來觀看。小熊班上的同學也來看了，不過我聽到許多小朋友的心聲：

「老師，我想回教室去，我都看不懂啦……」一個怕曬的女生說，還拿著白上衣遮太陽。

記得小熊在美國社區的足球隊裡，小女生很多，但是這次學校的自願隊裡清一色是男生，只有一個女生B。B的哥哥也是五年級校隊，耳濡目染才加入的。

我忍不住問這些小女生：「你們為什麼不一起加入足球隊呢？」

小女生們你一言我一語的回答：

「我媽媽不准，說女生踢足球沒用！」

「我不喜歡運動，只喜歡看書。」

「女生哪會踢足球？好奇怪喔！」

會很奇怪嗎？看樣子女子足球在美國比較普及，那台灣小女生都做何運動呢？可能跳舞居多吧？我沒女兒，真的不清楚。不過**真心希望，台灣的小女孩也能多參與各種不**

同的運動，多些不同的嘗試，可以多些體驗與開闊眼界。

比賽正式開始，兩隊打過招呼後開始踢球，老師把小熊安排在前鋒的位置，這讓我很驚訝。去年在萊城，小熊多半只能站在防守位置，因為跑得沒有外國孩子快，攻擊力不夠，就是不夠Aggressive。今年似乎不同了，小熊竟然是同隊友裡最敢去追球、最勇於衝入敵營裡的那個孩子。

小熊的校長站在我身旁，她很開心的說：「有比賽，大家精神就不一樣喔！孩子就該好好玩一玩，**輸贏不是重點，好玩最重要！**」

她也回頭鼓勵的說：「你家小熊踢球很積極，他很不錯！」

記得小熊五歲剛踢足球時，我很煩惱的就是：小熊不夠積極、不具攻擊力、不Aggressive，原來我的煩惱根本就是不需要的。孩子會長大，以前小熊在足球場上的退縮膽怯，如今已經隨著體能的成長，煙消雲散。再一次驗證：萬物成長，都有自己的定時，當父母真的不用急啊！

回家後，我問小熊最後的比數。○比三，小熊的學校輸了，但是我還是親親小熊的額頭說：「你表現得真棒！媽媽以你為榮。」

小熊露出一貫靦腆的笑容，但我知道，他真的與以前不一樣了。做父母的，總是高興能親眼目睹孩子的轉變。

搶救小二中文力

小熊把書借回家的樂趣就在於，晚上可以讓媽媽唸給自己與弟弟聽，他本人喜歡幽默類的童書，所以會忍不住在學校先把兩本看完，但是回家後當他看到弟弟咯咯大笑的樣子，很有成就感。

媽媽也常常順勢嘉獎他說：「小熊，今天你選的書好棒喔！弟弟和媽媽都很喜歡。明天可以再借兩本，讓我們一起開心好嗎？」

中國古諺：「多讀書胸中吐秀，勤練字筆下生花。」

小熊們回台灣求學，剛開始一切變化很大，尤其是孩子們的語言轉變，可謂空前。

小熊剛上學沒多久，就遇到國語小考，可想而知，結果很悽慘。語言學習，環境果然是關鍵因素。雖然我們在美國都跟小熊說中文，但是大環境還是強勢的。小熊在美國開始上小學後沒多久，回家後就不說中文了。小小熊更厲害，在美國上幼稚園小班一個月後，語言竟完全轉為美語，不論媽媽用中文問他什麼，他都用美語回答，強迫也沒用，不過回台灣後就情勢逆轉了。

學語文常說：「聽、說、讀、寫」，寫是最難的一關。由小熊的考卷，大概可以歸納出他四個初學中文的困境。

1. **鬼畫神符**：

看得出來，一開始小熊是用畫畫的方式寫中文的。例如：「出」，他想成兩座山疊在一起，然後就照著畫出來，還是被老師抓包。而很多字的大小比例也抓不好，「爸」寫得好大，變成父巴，騎車的「車」憑想像，畫出「卓」這個字。媽媽看了只能佩服，兩個月要記這麼多「圖」，也難為他了。

還好現在有了字典，他會開始查筆順，照順序寫出完整的字，不再憑空亂畫了。

2. **腹笥甚窘**：

明明是考造句，卻變成「造詞」，因為剛正式學中文沒多久，腦海裡的詞彙量真是少得可憐，所以「等……」的造句，小熊的答案是：「等我！」（在演連續劇嗎？）

還有一種難題叫「照樣造句」，例如：「小鳥」在天上「唱歌」，下一句主詞、動詞都被拿掉，學生要填空造句，小熊只能寫到「弟弟」在「浴室」裡，然後就寫不出來了。媽媽想像：可憐的弟弟到了廁所，沒有指令？只好面壁發呆！

3.張冠李戴：

同音字小熊常會混淆，例如：造句「在……」小熊開心的寫下「在見！」類似悲劇層出不窮，「身」的造詞是「花生」，「陽」的造詞是「綿羊」。爸媽看了考卷，臉上自動浮現出三百條黑線。

4.無言以對：

小一國語考試最狠的，就是有一種「詞語接龍」，例如：稻田，下方有三個空格，你要用最後一個字接出下文的第一個字，共要接出三個詞。（美語好像沒有類似的考法？媽媽自己有試著接接看：稻田→田鼠→鼠輩→輩……輩不出來啦！這種題目連大人都未必答得出來，腹笥甚窘的小熊看到考「詞語接龍」完全傻眼，每考必敗，只能望卷興嘆，無言以對啊！

作文力更是低落。小熊在回國三、四個月以後，對於中文字開始能中規中矩的好好書寫了，不過由於在國外長大，中文字彙的使用程度比起同年齡孩子要單薄很多，學校的閱讀心得或是短篇日記，他都只能勉強湊湊字數而已。

例如：**一年級下學期的閱讀心得寫作，是在學校看的一本中國童話《賣香屁》，小熊寫的心得如下：**

「做人要ㄔㄥˊ ㄕˊ。」

就這樣，乾淨俐落，主旨完全正確，一句話結束。媽媽臉上滑下三條線，默默的想：這比較像造句，不像心得報告。

對於中文的閱讀，小熊剛回國那三個月也是停滯不前，已經習慣英文閱讀的他，中文書對他就像一大堵牆一樣，就像在看火星文字，心生畏懼，所以連碰都不想碰。為了增強小熊的中文力，媽媽真是煞費苦心。

我想到第一個方法，就是幫小熊訂一份自己的報紙「國語週刊」。

每週一次，每當爸爸說：「小熊，你的報紙來了喔！」

他就會很開心的抬頭，飛奔去拿報紙。

小熊很喜歡這種感覺，因為覺得自己像個大人，有人專門寄信給他了！雀躍的接過

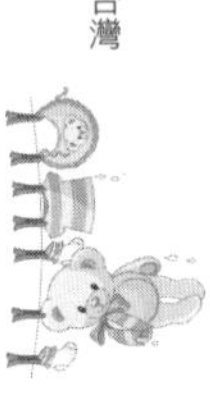

報紙後，他總是認真的讀了起來。一開始他只喜歡讀漫畫頁，漸漸的，他也會開始讀小成語故事、笑話或科學天地了！

愛上看中文報紙，讓他的中文閱讀踏出第一步。第二步就是：與媽媽圖書館的約定。

我開始去小熊學校圖書館當志工，是因為發現他轉學回國三個月後，從沒有去圖書館借過一本書！所以一開始每週三、五早上，我會去學校圖書館當志工媽媽。做的事情就是：打掃圖書區，孩子們下課時幫忙用電腦借書、還書，孩子們上課後開始把所有的還書歸檔上架。

小熊和我約好，每到媽媽值班日，他就來圖書館見我，順便借兩本書回家。

一開始他只有每週借一兩次，後來大概養成習慣，也發覺圖書館很好玩，他開始每天都帶兩本書回家。雖然都是簡單的繪本，而且一開始都是英文書，但也開始慢慢出現中文繪本。

小熊把書借回家的樂趣就在於，晚上可以讓媽媽唸給自己與弟弟聽，他本人喜歡幽默類的童書，所以會忍不住在學校先把兩本看完，但是回家後當他看到弟弟咯咯大笑的樣子，很有成就感。

媽媽也常常順勢嘉獎他說：「小熊，今天你選的書好棒喔！弟弟和媽媽都很喜歡。明天可以再借兩本，讓我們一起開心好嗎？」

如此，小熊認真歡喜的搬書回家，日復一日沒有間斷過。**昨天我又檢查他的閱讀心**

得，猜猜看他寫了幾句話？三句話，每一句還是很簡短，但是已經有進步了。

希望小熊能保持中文閱讀的習慣，相信能寫十句話心得的那一天，總會來臨的。

台灣小學生，有三寶？

返台重回職場一年，我還是決定辭去求之不得的好工作。在家ＳＯＨＯ，這樣就可以多陪陪孩子，放學後一起騎騎腳踏車、母子多聊聊天；少些外食、多些媽媽的愛心晚餐。

東北有三寶：人參、貂皮、烏拉草，聽說台灣小學生也有三寶，猜猜看是什麼？

小熊剛回台灣唸書時，某位媽媽就很好心的叮嚀，開學前，低年級生也要記得買三樣重要的寶貝：自修、評量、測驗卷。當時我很迷糊的想：這些有什麼不同？為何需要買三樣呢？

那位媽媽看我一臉不上道的樣子，就知道我是外行人。

她很耐心的解釋：「這些是給主科用的，低年級就是國語和數學，小三後要加入自然科學及英文。自修，是課本之外的補充教材；評量，則是唸完每一課後的複習及演算；測驗卷，如果你孩子有去安親班就不用買，因為安親班就是讓孩子寫測驗卷的地方！」

入境隨俗，由於小一下剛回來時什麼都沒買，小二上時我就試著買了這些「三寶」（共四本，因為測驗卷我不買），結果猜猜看怎樣？

國語的，還滿有用，因為小熊就是中文底子不夠好，需要多看、多練習；數學，整學期兩本都乾乾淨淨，沒碰過一次，因為真的不需要。

小熊除了剛開始不理解用中文出題的題意之外，台灣小二上學期的數學概念，還是很簡單的。

由於小熊在美國唸小學時，每班先能力測驗，然後事先幫孩子分不同程度、到不同教室上課，不像台灣齊頭式的數學教育。小熊屬於資優團的孩子，數學應該在三年級左右的程度。

編出這麼多教材，其實都很類似，就是要孩子一直反覆練習、再練習！

不曉得為何要花很多時間，去做相同的演算？語文我可以勉強接受，數學真的沒必要。孩子懂了就好，與其花這些不必要的時間，不如去打球或溜直排輪……珠心算的迷思也在此，我個人的淺見是：**與其讓孩子重複N遍已經懂的數學原理，不如讓他一天思考一題有深度的題目！**

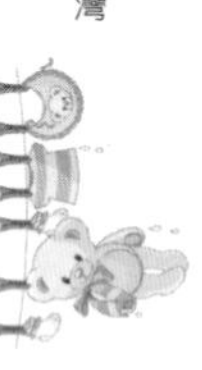

這就是安親班孩子可憐的地方吧？一直寫測驗卷，寫完Ａ版，換Ｂ版，還有Ｃ、Ｄ、Ｅ、Ｆ、Ｇ版，讓你成為完完全全的「超級考試機器」。

不過妙的是，我發覺小熊學校的老師們也很有骨氣（或稱反骨？），他們出的段考考題，完全與南一、康軒、翰林這些知名測驗卷出版社的考題無關。

記得小熊一下的國語，考的是〈橘越淮而為枳〉這故事的白話文版；小二上的期末考也是一篇天馬行空的大文章，還有歐巴馬的名言在裡面。熊媽看了就偷笑，就算寫到ＸＹＺ版的測驗卷，可能也沒什麼用？多讀一些歷史故事或多看一些時事，才有用吧。老師英明！

二年級下學期又開學了，到了選課外活動的時間，媽媽還沒看到通知單，小熊就已經選好了。他想參加街舞社、打擊樂、科學營、弦樂社，以及直排輪和圍棋。（上學期參加五樣，這學期變六樣了？）

媽媽很高興他自己有了定見，不過寒假隨便跳兩週還好，學期裡加入正式的街舞社，如果被爺爺知道了，會不會又要被唸啊？不過舞蹈也是很好的運動，還能培養平衡感與節奏感，我們是不是也要反骨一下呢？

返台重回職場一年，我還是決定辭去求之不得的好工作。把工作帶回家，在家ＳＯＨＯ，這樣就可以多陪陪孩子，放學後一起騎騎腳踏車、母子多聊聊天；少些外食、多些媽媽的愛心晚餐。小熊，請務必撥出些時間給媽媽喔！

美國小一、小二的學生，大概沒看過什麼自修、評量、測驗卷等「三寶」吧？**熊媽心目中理想的小學生三寶，應該是：多玩、多學、偶爾放空也很好！**

恐龍展之妙事妙語

我家小熊其實對恐龍的認識不多，所以我把他拉到一旁說：「與其與大家湊熱鬧，不如我們把導覽手冊好好的讀一遍，此行才有真收穫。」於是母子兩人暫時不看展，先把導覽手冊一頁頁讀完，果然對展品比較有概念些。

二〇〇九年元旦，帶孩子去看中正紀念堂的展覽，有很多感觸。

首先，我們先去看的是紙風車「格列佛人體探索展」，可能是因為門票與主題都很吸引人吧？排隊看展的人龍真是一眼望不完。等我們終於走到隊伍的盡頭時，小小熊已經開始喊腿痠了。算算入場移動的速度，輪到熊族應該是兩小時後的事情了，只好作罷。在外面照個相留念吧？

轉戰中正紀念堂底樓的「世界恐龍大展」，一進門口也是觸目驚心，到處都是滿滿的人潮。不過買票與入場的速度快多了，當下掏出白花花的鈔票：大人兩百，小人一百八十元，還幫小熊哥買了一本導覽手冊兩百元。隨著前方黑壓壓的人潮，邁入恐龍的世界。

恐龍展裡其實不用走，就會移動了，因為人潮自動把你帶向前方。隨波逐流，原來是這種感覺。

不過小熊不能理解常常看到一半的櫥窗，就被別人推開，不能再看下去了，他對我說：**「媽，為什麼台灣的人這麼愛推人？」**

其實不是台灣人愛推人，而是因為人人都被別人推吧。在美國，因為地方大，或是因為比較尊重個人，人與人之間的個體距離比較大，因為要看展覽而推人，是很少的現象，即使有，多少也會有聲Excuse me！

不過在**人口密集的亞洲，個人空間相對縮小，大家因此習以為常的推來推去**；甚至於你正在看化石模型怎麼製作時，突然眼前一個人從一旁鑽進來，大剌剌的擋在你眼前，開始取代你研究的位置，即使你很不滿意的對他猛使出白眼，對方還是習以為常的兀自看展，然後大方的轉身離去。

如此無視於別人權利的妙事，在恐龍展裡一再上演。除了妙事，妙語也不少。

一進入隨波逐流的會場，你就會聽到此起彼落的聲音如下：

「媽～媽～你在哪裡？」（小孩哭叫聲）

「小寶，你快來三角龍前面站好，媽幫你拍張照！」（媽媽命令聲超級多，語音也超宏亮～）

「我叫你看這裡！笑一下……不准亂動！王小明！」

「你怎麼還不來？用跑的，快一點！」

「快來照這裡，電動的腕龍前面……等那小孩離開你就快快站過去！」

「比出手勢和恐龍一起合照喔，一、二、三，西瓜甜不甜？」

只見人手一部相機，彷彿到了攝影比賽現場，即使再怎麼擠，也一定要擠到恐龍前面，紛紛比出勝利的V手勢，作為到此一遊的紀念。

讓我想到之前的一則新聞：大陸遊客來台灣日月潭觀光，為了站在寫著「日月潭」三個字的大石頭前照相，而擠破頭或大打出手。後來政府在石頭前拉了一條排隊用的線，讓大家依序照相。至於潭水美不美麗？那就不是重點了。

猜猜看恐龍展場裡，擠最多人照相的點在哪裡？就是最後出口前的電動恐龍區，只見一隻隻很假的電動龍舉頭晃腦，不知殺死了多少張記憶卡，諷刺的是工作人員還好心的告訴我們：「拍這裡的人太多了，你最好去拍隔壁的恐龍骨頭化石，那裡人比較少。」

真正挖出土的化石模型，大家不看，偏偏愛看造假的電動玩具？**看樣子人們似乎比較喜歡表象的、絢麗的東西**。至於場內四處亂晃的小小孩，更是有看沒有懂，一起來拜拜吧。

我家小熊其實對恐龍的認識不多，所以我把他拉到一旁說：「與其與大家湊熱鬧，不如我們把導覽手冊好好的讀一遍，此行才有真收穫。」於是母子兩人暫時不看展，先把導覽手冊一頁頁讀完，果然對展品比較有概念些。

回頭去找負責帶小小熊的熊爸時，發現他抱著小小熊坐在黑暗的放映室裡，所以我家小小熊花了一百八十元，專程來恐龍展裡睡大頭覺。等他擦擦口水睡飽後，又生龍活虎的跑出去，準備爬中正紀念堂的樓梯了。

展場內人潮最多，閃光燈最強的地方：電動假龍區，一旁的恐龍骨架模型人潮稀落，冷落中。

以後你也打算帶孩子去看熱門展覽嗎？為了避免以上的妙事，我衷心建議如下：

1.絕對別挑週末假日去看展。

2.先去買本導覽手冊與孩子一起研讀，之後再入會場。

3.五歲以下的孩子，不如帶他直接去公園玩就好了。若想去恐龍展，在家與他看看

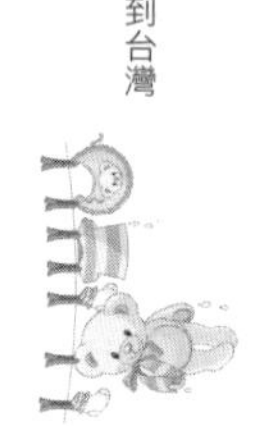

恐龍圖鑑，可能收穫更多。

（小小熊，其實你在門口看看就很高興了，對吧？專程來此睡覺，白花三個便當錢……）

母親：沒有嗜好，沒有名字？

回台灣一年多來，發現台灣媽媽們還是習慣「以小孩為主」、「過度付出」，長期能量超支的結果不是覺得被虧欠，就是當家庭或孩子有問題，就把責任全部扛下，容易引發幽怨或自虐情結。

這一篇在心裡想了很久，母親節的五月，寫出來獻給每一位母親。

先說一個楔子：上週小熊的學校，很貼心的為參與校務的志工爸媽們，舉辦了一個聯誼旅遊，地點在宜蘭縣的「國立傳統藝術中心」。旅遊時間其實是上上週，但是正好就在孩子們期中段考的前兩天，報名異常冷清；後來學校只好延期到下一週，**詢問很多媽媽不能參加的理由，竟然是：要幫孩子準備考試，自己出去玩總覺得不妥**。

終於成行的那一天，天上飄著毛毛細雨。我在遊覽車上，第一次穿過雪山隧道，感覺就像川端康成在《雪國》裡的開頭一樣，只不過漫長的黑暗後，映入眼簾的，不是雪的國度，而是一片片亮眼奪目的碧綠稻田。那種綠是會讓你眼睛刺痛的跳耀，那種綠一望無際，伴著遠方淡淡的山色，感覺到令人屏息的美麗。此時真羨慕宜蘭人，可以住在天然綠色地毯鋪成、有山有水的城市。

宜蘭的國立傳統藝術中心，在我們舉家赴美前還未建好，但是常常在格子上看到，現在是學校戶外教學、週末親子共遊的好地方。由於當天不是週末，又遇到下雨，人並不多。許多媽媽們已經來了好多次，開始幫我介紹去看哪些展覽、逛哪些特色商店。

我們還去做了電影《海角七號》裡的DIY琉璃串珠，吃了原住民的風味餐，值得一提的是：佐餐的不是果汁，而是剛釀好的甜美小米酒。眾母親吃吃喝喝，到最後酒力很差的熊媽，連信用卡卡號都快供出來了！

做琉璃串珠時，可以選擇項鍊、手機吊飾、手鐲等，而且都可以串上英文姓名。我發覺同行的每一位媽媽，都沒有串出自己的英文名字，而是細心的幫女兒、兒子，或是老公，串出一串串帶著愛與期待的「勇氣之珠」、「平安之珠」、「官運之珠」，這讓我很感動。**母親，總是為了兒女，為了家庭，默默付出，那種光輝與溫暖，在每一個認**

真串珠的母親臉上，表露無遺。

我突然也想到：這些媽媽的名字，到底叫什麼？除了比較熟的兩位，在學校我們認媽媽的方式，很多都是以孩子為主：阿寶媽媽、小羊媽媽、小芳媽媽……媽媽們似乎都沒有了自己的名字，不冠夫姓，而是冠孩子的名字。

有一次辦活動，**我問孩子：「阿寶，你媽媽叫什麼名字啊？」**

孩子天真的回答：「咦？我也不知道耶……媽媽就是媽媽呀！」

連自己的孩子都不知道。母親，是個沒有自己名字的人。

在遊覽車裡，每一個志工媽媽輪流站起來介紹自己，有人起鬨，要大家除了說說自己的孩子是誰，也要說說自己興趣與嗜好。

想不到有好幾位媽媽都靦腆的說：「興趣與嗜好？……**自從有了孩子，我就沒有時間去想自己的事了……我沒有任何興趣與嗜好啦！**」

聽了有點心疼。因為我也曾經是這樣：每天以孩子為太陽，以他們為中心點繞行，當一個忙碌的、沒有興趣嗜好的公轉衛星。那些為了孩子考試而不敢出遊的母親，也是同樣理由吧？不過，**孩子的考試不該由他們自己負責嗎？**

看了一項調查，與以上的觀察相呼應：

《親子天下》雜誌在二〇一〇年母親節進行了「媽媽的真心話」網路調查，媽媽們認為最貼近自己心情與處境的形容，排名首位的是「很忙碌，已經好久沒有經營自己的興趣與嗜好」。

調查結果中顯示：絕大多數的現代媽媽仍承受著時間與精神的壓力。回台灣一年多來，發現台灣媽媽們還是習慣「以小孩為主」、「過度付出」，長期能量超支的結果不是覺得被虧欠，就是當家庭或孩子有問題，就把責任全部扛下，容易引發幽怨或自虐情結。當媽媽其實需要常常審視自己是否過度付出，因為過度付出而期待家人有相對回饋，對自己或另一半都是不公平的壓力。

三年前，我開始努力去當一個有自我、有自己名字的媽媽。（雖然在網路還是自稱熊媽，那是指我的身材……哈！）因為之前提過：小熊在美國學校的輔導室，發了一張通知給每位家長，標題是：「養出快樂孩子的十要訣」。前兩條就寫著：

1. 如果你已婚，要與配偶有更多互動關係，甚至要多於與孩子的互動。孩子最嚴重的不安全感，來自感覺到：自己父母的婚姻其實不穩固，不長久。

2. 如果你現在單身，不要嫁給你的孩子。當一個有趣的人，有正常的社交活動；你的福祉就是你孩子的幸福。

以上兩點，與天下的媽媽們分享。**要培育快樂的孩子，要先當個快樂的母親！身為母親，有權利，也應該有自己的名字與嗜好，因為人不該完全為別人而活，也要為自己努力。**

比資優更寬廣的成長路
——10年後，父母還想讀的教養書

新書簽講會

主講：小熊媽張美蘭

（《比資優更寬廣的成長路》作者／「家在婆娑美麗處：小熊部落」格主）

第一場

時間：2010年12月10日（星期五）晚上7點30分到8點

地點：誠品書店信義兒童館

（台北市松高路11號5F 電話：02-87893388#3536）

第二場

時間：2010年12月25日（星期六）下午3點30分到4點30分

地點：紀伊國屋微風店

（台北市復興南路一段39號5F 電話：02-27212304）

報名電話：02-27494988（免費入場，額滿為止）

國家圖書館預行編目資料

比資優更寬廣的成長路：10年後，父母還想讀的教養書／張美蘭著. --初版. --臺北市：寶瓶文化, 2010. 12
面； 公分. --(catcher ; 43)
ISBN 978-986-6249-31-0（平裝）

1. 親職教育 2. 子女教育

528.2 99022491

catcher 043

比資優更寬廣的成長路——10年後，父母還想讀的教養書

作者／張美蘭
主編／張純玲

發行人／張寶琴
社長兼總編輯／朱亞君
主編／張純玲・簡伊玲
美術主編／林慧雯
校對／張純玲・陳佩伶・余素維・張美蘭
企劃副理／蘇靜玲
業務經理／盧金城
財務主任／歐素琪　業務助理／林裕翔
出版者／寶瓶文化事業有限公司
地址／台北市110信義區基隆路一段180號8樓
電話／(02)27494988　傳真／(02)27495072
郵政劃撥／19446403　寶瓶文化事業有限公司
印刷廠／世和印製企業有限公司
總經銷／大和書報圖書股份有限公司　電話／(02)89902588
地址／台北縣五股工業區五工五路2號　傳真／(02)22997900
E-mail／aquarius@udngroup.com

法律顧問／理律法律事務所陳長文律師、蔣大中律師
如有破損或裝訂錯誤，請寄回本公司更換
著作完成日期／二〇一〇年八月
初版一刷日期／二〇一〇年十二月
初版三刷日期／二〇一〇年十二月二日
ISBN／978-986-6249-31-0
定價／三〇〇元

愛書人卡

感謝您熱心的為我們填寫，
對您的意見，我們會認真的加以參考，
希望寶瓶文化推出的每一本書，都能得到您的肯定與永遠的支持。

系列：catcher 043　**書名：比資優更寬廣的成長路——10年後，父母還想讀的教養書**

1. 姓名：＿＿＿＿＿＿＿＿　性別：□男　□女
2. 生日：＿＿年＿＿月＿＿日
3. 教育程度：□大學以上　□大學　□專科　□高中、高職　□高中職以下
4. 職業：＿＿＿＿＿＿＿
5. 聯絡地址：＿＿＿＿＿＿＿＿＿＿＿＿＿＿＿＿＿＿＿＿

   聯絡電話：＿＿＿＿＿＿＿＿　手機：＿＿＿＿＿＿＿＿
6. E-mail信箱：＿＿＿＿＿＿＿＿＿＿＿＿＿＿

   □同意　□不同意　免費獲得寶瓶文化叢書訊息
7. 購買日期：＿＿ 年 ＿＿ 月 ＿＿日
8. 您得知本書的管道：□報紙／雜誌　□電視／電台　□親友介紹　□逛書店　□網路

   □傳單／海報　□廣告　□其他
9. 您在哪裡買到本書：□書店，店名＿＿＿＿＿　□劃撥　□現場活動　□贈書

   □網路購書，網站名稱：＿＿＿＿＿＿　□其他＿＿＿＿＿
10. 對本書的建議：（請填代號　1. 滿意　2. 尚可　3. 再改進，請提供意見）

    內容：＿＿＿＿＿＿＿＿＿＿＿＿

    封面：＿＿＿＿＿＿＿＿＿＿＿＿

    編排：＿＿＿＿＿＿＿＿＿＿＿＿

    其他：＿＿＿＿＿＿＿＿＿＿＿＿

    綜合意見：＿＿＿＿＿＿＿＿＿＿＿＿＿＿＿＿＿＿＿＿＿＿＿＿＿＿
11. 希望我們未來出版哪一類的書籍：＿＿＿＿＿＿＿＿＿＿＿＿＿＿＿＿

讓文字與書寫的聲音大鳴大放

寶瓶文化事業有限公司

（請沿此虛線剪下）

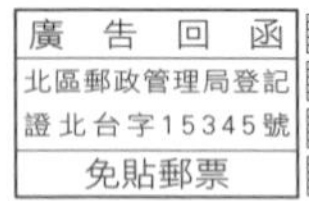

寶瓶文化事業有限公司　收

110台北市信義區基隆路一段180號8樓
8F,180 KEELUNG RD.,SEC.1,
TAIPEI.(110)TAIWAN R.O.C.

（請沿虛線對折後寄回，謝謝）